赢在
目标落地

练好五个基本功，掌控自己的人生

李阳林◎著

电子工业出版社
Publishing House of Electronics Industry
北京·BEIJING

内 容 简 介

随着经济周期的波动，中国企业正在寻找大干快上、紧跟风口之外的生存模式，这种模式要应对的问题是：当机会不再泛滥时，当人力成本越来越高时，当内卷的竞争方式越来越不见效时，应该怎么办？不仅企业存在生存危机，个体也是如此。当年轻人不再有遍地的机会时，当中年人面临 35 岁危机时，应该怎么办？

本书作者在 2016 年意识到，无论是企业发展，还是个体成长本身，都将面临危机，于是 2017 年离职创业，去寻找新的生存和成长的答案。本书是作者独立创业五年，在研读多方经典、服务多家成长期企业团队、陪跑了多个 CEO 的目标落地之后，实践萃取出来的方法论。

当你面对职场的危机时，当你面对创业的危机时，这是一条非常有效的办法，那就是掌握五个基本功，缔造自己人生和组织的基本盘，持续地试错、验证、总结、复盘、继续试错，进而不断拿到结果，让人生呈现螺旋上升的状态。这不是一个容易的过程，但却是一个非常值得的过程。

图书在版编目（CIP）数据

赢在目标落地：练好五个基本功，掌控自己的人生 / 李阳林著. —北京：电子工业出版社，2023.10
ISBN 978-7-121-46404-1

Ⅰ．①赢… Ⅱ．①李… Ⅲ．①企业管理—中国 Ⅳ.①F279.23

中国国家版本馆 CIP 数据核字（2023）第 183848 号

责任编辑：董　英
印　　刷：三河市良远印务有限公司
装　　订：三河市良远印务有限公司
出版发行：电子工业出版社
　　　　　北京市海淀区万寿路 173 信箱　　邮编：100036
开　　本：880×1230　　1/32　　印张：8.75　字数：224 千字
版　　次：2023 年 10 月第 1 版
印　　次：2023 年 10 月第 1 次印刷
定　　价：68.00 元

凡所购买电子工业出版社图书有缺损问题，请向购买书店调换。若书店售缺，请与本社发行部联系，联系及邮购电话：(010) 88254888，88258888。
质量投诉请发邮件至 zlts@phei.com.cn，盗版侵权举报请发邮件至 dbqq@phei.com.cn。
本书咨询联系方式：faq@phei.com.cn。

目　录

第四个基本功:抓执行

第五个基本功:盘根因

第三部分　忠告,赢在目标落地的挑战与信念

推荐序一：穿越恐惧，奔赴所有的可能性

我跟阳林的认识，源于她们公司所举办的活动。一开始，我觉得她是一个企业组织研究者，有非常丰富的人力资源管理经验，我会时常跟她探讨一些人力资源问题。

随着了解的深入，我发现她还是一个企业家研究者。她接触过 20 多位中国顶尖的企业家，包括分众传媒的江南春、字节跳动的张一鸣、小米科技的雷军、好未来的张邦鑫、美团的王兴和新东方的俞敏洪等。于是，我们之间也会经常探讨不同企业家的风格，以及对企业的影响。

后来我们公司开始深入使用 OKR，我又发现她还是一个企业目标管理的研究者。尤其是把字节跳动作为重点研究对象，出版了《字节跳动目标管理法》，我也成了这本书忠实的读者，并且时常与她交流"目标管理"在企业中的应用问题。

可以说，跟阳林认识的这些年，她在对企业发展的案例研究中不断成长，而我则在创业修行中不断成长，我们亦师亦友。

在着手写《赢在目标落地》之前，阳林曾问我一个问题："作为创业者，你觉得最大的挑战是什么？"

我想了一会儿，说道："最大的挑战，应该是创业的不确定性。准确地说，是不确定性背后的恐惧。现在这个时代，有太多的无常，昨天还是头部公司，今天可能就会被颠覆，颠覆你的可能是对手，可能是环境的突变，也可能是你永远想不到的跨界降维打击。"

然后，我也反问阳林这个问题，她说："在接触过这么多优秀创业者后，我发现做事情是容易的，洞察市场也不是最难的，但如何能够带领团队持续拿到结果，是创业者普遍焦虑的。"我深以为然，很有共鸣。

那天交流完，我回来后一直在思考，怎么对外部的不确定性做一个解析。第一，是事的不确定性。拿结果、持续拿结果、持续拿到常人很难拿到的结果。第二，是人的不确定性。让创业者自己干一件事，拿结果容易，而带领一个团队持续拿结果难，但创业者和管理者，不可能永远都一个人做事，必须发展团队。而团队协作涉及积极性、执行力、成长性，这些都是不小的挑战。

面对外部的不确定性，该怎么办？因为从小酷爱阅读武侠小说，我脑海中马上浮现出金庸先生的《倚天屠龙记》中张无忌对阵灭绝师太的心法口诀："他强由他强，清风拂山冈。他横任他横，明月照大江。他自狠来他自恶，我自一口真气足。"

"我自一口真气足"强调的就是修炼内在的确定性，是我们每个人的必修课。而作为创业者、创始人，修炼内在的确定性就在于两点：目标落地的科学性和团队管理的科学性。

目标落地针对事的不确定性，团队管理针对人的不确定性。为什么我会在后面加一个科学性呢？科学性相较于经验直觉，强调从经验中提取事物的逻辑关系，找到事物发展的规律。科学性和经验直觉有什么区别呢？经验直觉，你说不清楚它是不是一定普遍有效的，但是科学性，它在边界范围内，就一定是普遍有效的。

因此，作为创业者、创始人，面对外部的不确定性，我们不仅需要实战去积累经验直觉，更需要学习研究创业背后的科学性，尤其是目标落地和团队管理的科学性。

刚好阳林的新书《赢在目标落地》，就是讲解目标落地和团队管理的科学性的。这本书介绍了她这么多年对企业案例研究的思考，我非常喜欢她提到的"1+5"的概念，也就是"1"个基本盘和"5"个核心方法论。

什么是"1"个基本盘？就是：一个人、一个组织如何认定自己该做的事情，这个人、这个组织与众人的关系是什么，所信仰的价值观是什么。也就是：你是谁？你要去哪里？你和谁去？你们如何去？遇到了问题怎么办？

打造基本盘的"5"个核心方法论是：理目标、用人才、建共识、抓执行、盘根因。阳林对目标管理和团队管理的科学性进行了系统的建构，对于想要拿结果、持续拿结果的创业者、职场人，具有很大的指导价值。

最后，特别感谢阳林邀请我给她的新书作序。作为读者之一，我希望和大家一起修炼，面对外部的不确定性，努力提升内在的确定性。

创业的魅力，就在于它没有按部就班的轨道，而是面对一望无垠的旷野，虽然可能荆棘遍地，但是我们依旧可以穿越恐惧，奔赴所有的可能性。

十点读书　林少

2023 年 8 月

推荐序二：以热爱为工作，是乌卡时代的确定性答案

我和阳林认识十年了。我们常说，种一棵树，最好的时间是十年前，其次是现在。阳林就是十年前将心血注入，把树种下的那个人。

我读这本书，有三个理解层次。首先，阳林本人是很有使命感的人，她对如何落地目标充满专注和激情；其次，目标本身，是现代企业组织的核心，也是现代商业的核心，只有目标落地，从而释放人的价值，才能够让商业最终可持续；再次，不管阳林研究字节跳动，还是研究 OKR、目标管理，其实都在诠释一件事：一个事业最核心的意义是热爱。目标落地，就是激发一个人的使命感，从而释放一个人的热情和创造力。

我们所说的降本增效，并不是简单的人效提升。阳林写作《赢在目标落地》，核心是把现代商业和组织的进化趋势提炼出来，无论是对复盘的思考，找到根因，还是对动机的洞察，都是非常好的方法论，且可操作和可执行。

这套方法论的核心，始终是人。现代商业具备高度的不确

定性，包括场景的多样性、人的多样性，所以就需要以目标管理的方式，来形成包容性的统筹，这是组织能力之所以成为核心战略能力的体现。目标管理，并不是业绩的管理，不是一城一池的得失，本质上，目标管理是组织和商业协同进化所形成的弹性能力。

在阳林这本书中，我们能发现，只有把"商业"和"组织"这两种不确定性，分解为更多的确定性模块，才能够形成确定性的逻辑。乌卡时代，用全新的组织价值观，去认知企业和商业，本质上是在放大个体的想象力和创造力。尤其是在 AGI 时代，目标管理并没有过时，恰恰相反，目标管理具备了更加深刻的内涵。

这个深刻内涵需要我们思考在人机交互和协同进化过程中，新的目标设定和管理方式。新的目标，不是简单的 KPI 指标，而是价值创造的指标，是个体被赋能为超级个体后进化力的指标。我们谈到"赢"，更多代表正确方法论的可预期性，以及 AGI 时代对不确定性的组织方法论反馈。

深入阅读阳林的《赢在目标落地》，并非要按照其中的步骤亦步亦趋，而是掌握这种方便、易行、可落地的战术组合，然后适应组织战略本身的需要，这就是组织能力的提升。

所以，本书不是 OKR，不是 KPI，不是 OA，不是 ERP，但它具备数字时代所需要的全新管理心法，这套心法的核心就是目标。目标代表使命，是一种价值认同。目标代表以热爱为工作的新范式，最佳的工作场景，是心流状态下热情的持续涌现。目标是游戏通关后的成就感，是组织和人共同进化，是参与感，而参与感就是价值本身。

阳林的《赢在目标落地》也绝非纸上谈兵，而是她从自身实践，以及长年担任企业顾问的实战中萃取而来的，既具备工具属性，也具有方法论指南价值。与其说这本书是组织层面的思考，毋宁说，这本书是对商业本质长期孜孜不倦探索的成果。

未来，从来都是无人区，未来已然呼啸而来。在当下巨变的商业环境下，我们能够看到一条线索，这条线索不仅是组织进化的线索，也是管理心法的线索，最终必然会成为战略进化的线索。而《赢在目标落地》就是这样的组织进化线索，我期待这本书成为不被遗忘的珍珠，成为更多创始人的良师益友。

场景实验室创始人　吴声
2023 年 8 月

自序：什么拯救过你，你就拿什么拯救这个世界

　　我的职业生涯的全新启动，是在 2016 年，那一年我 30 岁。30 岁之前的一年，我经历了两件大事，一件事是我父亲的离世，另一件事是我大儿子的出生。这两件事给我带来的心灵震荡是巨大的。

　　首先，在 30 岁之前，我活着的巨大动力是让父母满意，我期待自己能够成为父母的骄傲。但是，最能凝聚家族关注的父亲却在我 29 岁这年离开了，那么接下来，我该为什么而活呢？没有了父亲的老家，回去之后是空落落的，没有真正设身处地关心你的人，也不再有远远就迎接着你的笑容。

　　而且，在这一年，我意识到活着和死亡之间，并没有什么区别。有一句话我非常喜欢，叫作"那些在坟前哭泣的人，悲伤得就好像自己不会死一样"。现在活着的人和已经死去的人，其实对于死亡来说都是一样的"标的"，只是早晚的问题，最后的结局都是一样的。所以对于我来说，当下的真问题是，死

者已矣，身上有父亲一半基因的我，如何能够代表他活得精彩，不浪费时光。

其次，孩子的到来，让我升级为责任的承担者，我开始思考底层的问题：如果我不能帮到孩子，那么我如何才能做到不让孩子因为我的无知而受到伤害？如果我不能成为孩子的荣耀，那么我如何才能不成为孩子的负向历史资产？

带着这两个新命题，我重回职场。我的热情和敢打敢拼的精神，依然没有削减，但是效果还是如以前一样，我能发现很好的机会，也能把业务的开头做好，但是做到中途，总是会遇到各种阻碍，无论我如何加班加点、拼命争取，都不行。

如果像以往一样，我就会想：我再去做点什么新事儿？但是这一次，我不再这么思考问题了。开启新的事情容易，如果我自己没有变，最后的结局还是一样的。所以我开始从底层思考，我到底是怎么了？为什么我总是拿不到那个"最大的"结果？我的问题出在哪里？

2016—2017 年，我开始思考人生的意义，我的人生使命是什么，接下来的人生我应该干什么。

在那样一段和之后的关键岁月中，有六个元素对我的思考和实践起到了很重要的帮助作用。而这一路走来，我对于理解"如何拿结果，如何持续拿结果"有了深层次的思考，并形成了经过验证的实践框架。

第一个，借助成功企业家，打破认知的天花板

非常感谢我的前东家给予我这样一个机会，让我得以近距离、深度地了解成功企业家的思维方式和行事方式。我当时在创业黑马负责的产品叫作创业实验室，卖点是以成功企业家为核心帮助他筛选徒弟，收入的"近身弟子"可以长周期地跟着企业家学习，学员对象主要为创业者。

当时对我影响最大的是分众传媒的江南春、一下科技的韩坤，在我拓展师资时，深度领略到字节跳动创始人张一鸣、小米科技雷军、好未来张邦鑫、源码资本曹毅、美团王兴和新东方俞敏洪等成功企业家的风采与智慧。那一年，我接触了不下20位中国顶尖的企业家。

现在，虽然这些企业家中有的因为政策或者竞争的原因，已经变换了赛道，但我始终认为，他们都是有持续拿结果能力的人，关键看他们接下来如何理解和构建自己的人生意义了。

人没有见过好的，怎么知道如何做到更好呢？这段旅程对我来说，最大的意义就是让我见到了什么是好的，比如张一鸣、王兴、张邦鑫的稳定，雷军、曹毅的气场，俞敏洪的谈笑风生，江南春的平易近人及韩坤的真实等，初步了解到为什么他们能够拿到常人很难拿到的结果。

我发现，如果想要获得世俗意义上的成功，首先你自己必须要稳。那么，如何才能稳呢？这是我下一步思考的问题。

第二个，事业导师的牵引

在思考自身何去何从的时候，我结识了一位朋友，这位朋友刚刚创业成功，我很感激他的信任与开导。我咨询他，我现在这个情况该怎么办？他对我的建议是，要找到自己的方向、自己的擅长点，知道自己的使命在哪里。而且他很笃定地告诉我，人只要来到这个世界，都是自带使命的，只是或早或晚发现而已。因为他是成功人士，所以我选择无条件地相信他。

我通过一年的琢磨，找到了自己认为的使命：助力创业者的成长。因为我对于如何成功的方法论有很高的热情，并且也阶段性验证过我能做这件事——我所整理的方法论和案例，得到了领导、业界和客户的认可，这些方法论确实能够帮助创业者，是创业者需要的。

但是如何开始呢？我的导师告诉我，小步快跑，只要客户真的认可，那就一个个去练，积小胜为大胜，把价值练出来。不要害怕，只要是真的有价值。

第三个，对于创业者的群访和经典的学习

当时，我同步做系列创业者访谈，了解一些主流的创业者，他们为什么做自己手头这件事，而不是其他事，以及做这件事的心法与办法。我发现，做事情是容易的，洞察市场也不是最难的，但如何能够带领团队持续拿到结果，是创业者普遍焦虑的。

也就是说，让创业者自己干一件事，拿到结果容易，但是带领一个团队持续拿结果难。但创业者和管理者，不可能永远都一个人做事，所以必须发展团队。

我同步研究了经典图书，比如德鲁克、安迪·格鲁夫的书，还有一些管理学、心理学、历史学方面的书，我被一句话打动了："一群有价值的人，做一件有意义有挑战的事儿。"如果人生能够做到这种状态，值了。

第四个，对于张一鸣的深度研究

经典图书里的道理都说得很好，但是实际上的创业公司都过得举步维艰，创业是美好的，但是并不是所有的创业都是高效的。

如何才能落地目标，如何才能带领团队取得成功呢？当时我想找到一个实际的案例进行深度研究。因为跟张一鸣有过一面之缘，而且当时他的微博和微信朋友圈都是开放的，所以在朋友的指引下，我开始搜集资料，对张一鸣的目标落地法进行研究，这也是我的第一本公开出版的书《字节跳动目标管理法》的缘起。

研究张一鸣的过程让我明白成事的关键在于自我管理，自我管理到位了，才能管理团队。打造组织目标落地的基本盘时，自己目标落地的基本盘才是根本。这也让我对于 OKR（Objectives and Key Results，目标与关键成果法）这个工具的理解加深了。

第五个，与客户一起成长

2017年10月，我从创业黑马离职，决定做一个独立的创业者。我的服务对象是创业公司，客户是创业者，我和我的团队所创造的价值是"成为老板和团队沟通业务的桥梁，陪跑团队拿到结果"。

在这个过程中，我们见证了各种类型、各种行业的团队，了解到：虽然每家公司的气质、业务、性格都不一样，但是使业务能够持续运转的底层逻辑是一样的，这就是目标落地的基本盘。每家公司、每个创业者、每个管理者都需要有自己的基本盘，当基本盘稳固的时候，业务就可以良性运转。

第六个，创业的助力

如果一件事不发生在自己身上，是很难感同身受的。2017年10月，我创业之后，就好像被自己一把拉进了欢乐的海洋，这里是自由的、快乐的。但同时也是凶险的，到处都是暗礁，当庆幸自己顺着洋流，借势起舞的时候，可能突然一个大石头会砸得我晕头转向。没错，目标落地的基本盘打造，也适用于我。

每天一起床，我们就有不同的任务要完成，但这都是表面的，真正重要的是，如何借假修真，在实现一个个目标的时候，不断地夯实自己的基本盘，以便未来能够承接更大的风浪和机会，持续地拿到结果。

以上就是我 30 岁之后的成长故事梗概，非常感谢我的父亲，在他离开之后，依然给了我一个"重大"的人生礼物，这个礼物叫作觉醒，没有人疼爱你了，你可以自己照顾自己，而且你还可以照顾其他人。

在接下来的余生，我会始终修炼自己持续拿结果的能力，也就是目标落地的基本盘，因为这是确定性的。而外界的一切都是未知的，每一个明天都是一个盲盒，你永远不知道新的一天迎接你的是惊喜还是惊吓。但如果我有了稳定和持续优化的基本盘，那么我就无须担心，每一次挑战都是滋养自身的养分，当我成功应对了挑战后，我的基本盘得以升级，才有机会去面对更大的挑战。

什么拯救过你，你就拿什么拯救这个世界。同时，我也会跟我的客户一起，持续升级迭代，共同落地目标，夯实基本盘，甚至帮助更多的人了解这个概念，运用和实践这个概念。最终帮助我的客户达到"一群有价值的人，做一件有意义有挑战的事儿"的美好状态。

本书的理念和实践案例，来自我所经历的人、事和我所研究的案例，以及看过的书，它们都是有出处的、有来历的，并且是被多方验证的，而现在，我又成了这些理念的验证者和传播者。感谢同行者，感谢我的支持者，感谢我的家人和朋友，让我也能有机会成为智慧的传声筒和实践者。

第一部分

赢在目标落地
——持续拿结果的根本

组织成功需要面对的五个挑战

如果成功是简简单单的，那么人人都能够成功了。正因为成功很难，很复杂，不是听了几句"心灵鸡汤"就可以做到的，所以成功无比稀缺，正因为稀缺，所以珍贵。我从自身的经验，以及所研究的创业者案例，总结下来，我发现，想要达到"一群有价值的人，做一件有意义有挑战的事儿"的状态，普遍有以下五个挑战。

第一个挑战：目标不同频，落地难

老板有想法，团队没办法。老板声嘶力竭，但是团队无动于衷。很多老板会把发展问题归结为"业务是没有问题的，就在于团队能不能跟上、理解，并且执行下来"。保守一点来说，几乎98%的公司都被这个问题困扰。

第二个挑战：团队难带，不主动思考，积极性差

老员工成长速度慢，跟不上，可塑性差；新员工水土不服，难以落地；后备干部成长速度慢，导致公司的信息管道堵塞。业务分解下去，想要等一个结果，就如同大海捞针一样难。团队推一下动一下，没有主动性。

第三个挑战：团队内部对话难，业务黑盒多

每次开会，不得不成为管理者的一言堂，为什么呢？因为老板一开口，大家就不说话了，缺乏科学的对话机制。而且团队内部的各个岗位的职责定位不清晰，导致责权利也不清晰，不知道谁应该负责什么，很多事情到了下一层，没有人决策，事情就堵在那里。

第四个挑战：团队执行力差，"躺平"

公司不是活水，变成了半死水，没有流动性，处在重要岗位上的人不作为，业务没成果，团队士气差，对于未来非常悲观。大家都很忙，但是忙来忙去，没有成果，功劳没有，苦劳一大堆。

第五个挑战：团队成长性差

大家发现不了自己的问题，问题都是别人的，团队多少年来都在吃老本，不愿意直面和解决问题，也没有相关的机制。所以导致整个公司和团队一直在低水平重复。公司逐渐落后于市场，也不知道如何奋起直追，仿佛被历史包袱捆住了手脚。

应对五个挑战的传统做法

优秀的公司是少数，99%的公司都存在以上问题，那么，大家是如何应对的呢？我们一起来梳理一下比较常见的应对办法。

第一种：换项目

业务做着做着就死了，怎么办？雄心壮志还在，也不能就此放弃，那就再从市面上看看，还有没有可以做的项目。通常来说，很多一把手发现项目机会的能力还是不错的，所以很多公司总是不断地上新业务。但是，依然还是做一个死一个。还是那句老话，如果自身没有改变，纯靠碰运气，那确实只能依靠奇迹了。

第二种：引进牛人

如果是因为团队老化了，那就找背景更好的牛人加入。很多公司的老板都有一种心态，那就是"外来的和尚好念经"。但是如果是自身土壤的问题，即便是真牛人空降来了，也不容易存活。而且牛人之前牛，那是系统的原因，人家有平台和资源的支持，到了你这里，要什么没什么，牛人的能力也发挥不出来。

第三种：搞培训

学习总是没错的吧，为了业务的持续发展，向专家学习，向大厂学习，不断地输入新的知识。但是问题在于，专家通常只管培训，不会下场亲自做事。而自己团队的人，又缺乏场景消化这些新知识，导致员工学了很多，但现实中还是不行。最终大家都开始厌倦培训——知道了很多大道理，说的都是对的，但是都很难落地。

第四种：搞情感战术

有时候，老板也会想，一开始创业的时候是很好的，怎么创业创到现在，大家都创不动了呢？心都离得越来越远。团队拉在一起说一点真心话吧，所以很多企业有团建、裸心会和酒局。作用肯定是有一些的，但是作用到业务层面还是有一些"远"，久而久之，这些团建、裸心会和酒局，也成了团队的负担。

第五种：分钱

重赏之下必有勇夫，很多老板都是愿意分钱的。但是钱分出去了，并没有达到想象中的激活团队的效果。分得多的人，无论你给多少，他都不满意，总觉得自己劳苦功高。没有分到的人，觉得不公平没有奔头。最后落得"钱分了，但是团队的心也散了"的结局。

······

在实际场景中，很多管理者，为了解决团队激活的问题，还有很多很多的办法，但是真正能够起到作用的办法不多。这究竟是为什么呢？

问题是出在系统上的，如果不能从根本上解决，那么就是头疼医头、脚疼医脚，我们要从基本盘的角度来思考，到底根本问题出在什么地方，以及如何系统化地解决问题。

赢在目标落地——打造基本盘的五个基本功

▶▶案例◀◀

张一鸣在年轻时跟着吴世春和陈华做酷讯，每天都很热血，想着要把公司做好，和公司共同成长。很快就从后台的一个普通程序员做到技术委员会主席，领导整个公司的技术团队。但酷讯这样一个当年"风华正茂"的项目突然就失败了，这对张一鸣来说谈不上教训，但着实接受了一次教育。

张一鸣认为，我们的团队也不是不行，我们的项目也非常好，但为什么我们失败了？对此，他进行了深度思考，最后发现关键是战略，虽然很多企业都会做战略，但如何将战略落地、落地到什么程度往往是拉开企业差距的关键点。

想学习更先进的方法怎么办？向优秀的公司、优秀的人学习。所以他从酷讯离开后先到微软了解微软的体系，随后又跟随王兴一起工作学习，看中西方的书籍，并经常在微博和朋友圈发自己的书单和读书感悟，研究和思考如何将学到的先进的方法应用到企业中，即把知识运用于现实。

梦想人人有，想法天天有，人和人之间的差别，关键在于是否有牺牲精神和自律精神，能够审时度势地将所想、所思实际地进行落地，拿到结果，并持续地拿到结果。

分众传媒的江南春说过，黄峥、王兴、张一鸣他们厉害的地方，就是对很多事物的本质有非常深入的理解，在竞争的过程中，他们肯定也非常聪明，在了解某一个核心的东西之后，他们可以把它正循环起来，并且能够为这个正循环付出巨大代价。

他们是非常聪明的人，顺着一个正循环的方向，像滚雪球一样，把这个企业发展到极致，最后做到那个临界点，取得巨大的成功。很多人有一点成就就开始保守，因为他在乎的是这个结果，而他们追求的是这个过程，他们也非常自信，自己追求的是一个更大的结果。

这也正是我在研究他的过程中感受到的——找到正确的点，然后极度自律，并且非常享受地练好基本功，在过程中不断迭代，直至拿到结果。最终，这些实战和方法论累积下来，就是一个人坚固的基本盘，而一个坚固的基本盘，是一个人、一个组织目标落地、持续拿到结果的根本。

能够有一个性能优良的基本盘，才正是我们去奋斗、去积累一个个小的胜仗的核心意义所在。性能优良的基本盘，能够使我们在遇到重大的挑战，面对外界局势的变化时，也能胸有成竹，岿然不动。

那么，到底什么是基本盘呢？

基本盘就是一个人、一个组织如何认定自己该去做的事情，他与众人的关系，所信仰的价值观和方法是什么。简单总结就是：你是谁？你要去哪里？你和谁去？你们如何去？遇到了问题怎么办？这五个问题的答案就是你的基本盘。

基本盘没有"一劳永逸"，它始终是一个动态平衡的结果，走上了正循环，就是螺旋上升，走上了负循环，就是螺旋下降，最终可能"咔嚓"一声，这个人、这个组织就慢慢地、永远地失踪了。

基本盘是冰山下的东西，如何验证一个人、一个组织的基本盘是否扎实呢？就是要看他们能不能把一个个目标顺利落地并拿到结果；看他们是不是即便遇到了挑战，也能够积极沉稳、相互默契地做调整，而不是一遇到问题就作鸟兽散。

基本盘由五个基本功构成，分别是理目标、用人才、建共识、抓执行和盘根因，如下图所示。通过持续不断地运作，积小胜为大胜，使组织的基本盘不断变得肥沃，让目标更好地落地。

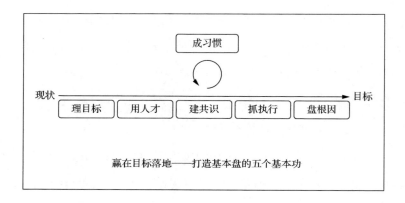

赢在目标落地——打造基本盘的五个基本功

通过这五个基本功的助力，我们实际跟着创业公司，目睹了他们的业绩增长、团队的成长和文化的夯实。这不是一个容易的过程，而是一个不断犯错误，把错误拎出来分析，找到根本原因，设计出更好的做事方法，系统地去落实这些新方法，拿到结果，又犯下新错误，不断循环的过程。

基本盘的自我诊断

你在带队伍拿结果、实践这五个基本功的过程中，也可以不断诊断自己的实践水平。

- 如果你在理目标这件事上做得足够好，你会发现，在执行过程中你不会轻易被挑战打败；相反，你能预想到挑战，并能迎难而上，而不是几个浪头就被打晕了，从而回头否定目标，又要重新开始；

- 如果你在用人才这件事上做得足够好，你就不会轻易被面试者光鲜的简历给欺骗，你会从这些光鲜的简历里，筛选出那些真正初心匹配、底层素质合适的人，并和大家不断地在实践中操练，通过助力他们成功，从而让团队成功。

- 如果你在建共识这件事上做得足够好，你就会弃用以前直接下命令的做法，而是与团队科学地建立共同的理解，事前充分讨论，充分发挥大家的自我意志，实现过程正义、双方有理有据、有商有量地达成合作。

- 如果你在抓执行这件事上做得足够好，你一定会抓住关键岗位的关键任务下的关键动作，帮助团队匹配关键资源，你一定能抓住业务的脉络，让团队做到大力出奇迹，拿到结果。

- 如果你在盘根因这件事上做得足够好，那么团队就不会浮于表面，只做浅层次的复盘，而是能够还原事实的真相，找到关键问题，并制定出更高段位的解决方案，带动团队更上一层楼。

来看看下面这张图，在这五个基本功上，你和你的团队当前是在正向标准上，还是在负向标准上呢？

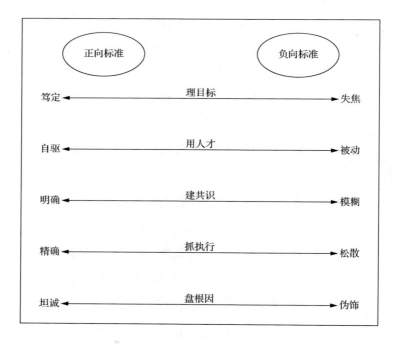

还可以继续来给自己和团队的情况打个分，如下图所示。

问题	十分优秀 10分	相对优秀 7分	中等5分	稍差3分	极差0分
我们的目标落地吗?					
我们的团队自驱吗?					
我们的分工明确吗?					
我们的执行精确吗?					
我们面对问题坦诚吗?					

得分区间
0~15分以下：病入膏肓
16~25分以下：效率待提升
26~35分以下：健康平衡态
36~50分：哪路神仙?

- 如果你的团队已经病入膏肓，赶紧行动起来吧，对于你和你的团队来说，这种情况下力挽狂澜有些难，但是不积跬步，无以至千里，必须先将问题暴露出来。

- 如果你的团队效率待提升，赶紧行动起来吧，这个时候加强基本功建设的 ROI（Return on Investment，投资回报率）会非常高，团队的一小步建设，就是业务的几何倍数的放大。

- 如果你的团队处于健康平衡态，恭喜你，你和你的团队现在正在上升期，你需要抓住这个机会，放大业务和团队的优势，就像滚雪球一样，把蛋糕做大，同时要保持团队的优势，此时核心在于练习和坚持，因为一旦懈怠，团队状态就会倒退。

● 如果你的团队处于"哪路神仙？"状态，请联系我，我想找你们学习，看看你们是如何做到的。

最后，学习的交代

目标落地的五个基本功的落地过程并不复杂，关键在于练习和坚持。基本功听起来简单，但想要取得成就，脱颖而出，就必须苦练。

王兴曾说，练好基本功，就能打败 99%的对手，通过坚持和练习，从而形成习惯。

重复，坚持，精进，时间自有答案。

一个自然学习的过程，必然会经历抗拒期、甜点期、熟悉期、成就期。

人们既向往新事物，因为如果不跟进新事物，就会被淘汰；但人们又天然抗拒新事物，因为接受新事物就意味着要改变自己过去的认知与习惯，这是非常痛苦的。所以经常出现的现象就是：我欢迎新事物，但我依然以我的老认知来理解新事物，一看，"不就是那么回事吗！不就是那什么吗！"这都是对自己不负责任的态度。

任正非说的一句话很好："先僵化，后优化，再固化。"

如果你真的打算改变，那么对于好的方法，先进的方法，先听话照做，拿过来就用，完美复刻，但一定有削足适履的过程。在你自己还不是专家的时候，就对一件专业的事情进行改造，是一件班门弄斧、十分危险的事情。但当你跑了几个循环之后，可以根据自身的情况，再去变革，不断迭代，来适应自己的情况。最终形成你的或者你们团队的基本盘，每一个人、每一个组织的基本盘都是独特的，别人不可能完全抄袭，我们也不可能完全复刻别人的。

这个过程，最难的是一开始，这是对人性的最大挑战。承认经典的正确，承认他人的价值，然后自己还按照这些做法做，看似很简单，实际上，这一步就阻挡了大多数人。

另外，关于基本盘的认知有一个误区，叫作"基本盘会限制自由"。事实上，基本盘不仅不会限制自由，还会创造自由。

没有好的基本盘的团队，是最缺乏自由的，当他们在目标层面思考得过于浅时，他们将永远重复造劣质轮子；当他们在人才招募和经营上，总是持粗放式态度时，他们总是会觉得无人可用，后备力量总是培养不起来；当他们在构建共识的时候，总是想一步登天，不给团队成员建言献策的机会，团队成员就会摆出一副非暴力不合作的态度；当他们在抓执行的时候，永远不打开执行的黑盒子，去看看问题到底在哪里，他们将很难拿到满意的结果；

当他们在开会诊断团队和业务问题的时候，不能将文化和流程践行好，就只能开成指责大会或甩锅大会。

试问，这样的团队还有什么自由可言？

只有当团队的基本盘都得到改善之后，团队才有更多的空间和精力去应对真正需要创新的事情，去迎接真正的挑战，从而让团队变得越来越好。

在实现自身使命的过程中，最大的挑战是什么呢？是恐惧，它是生活唯一真正的对手。

但我们不该恐惧，越过薄薄的那层屏障，我们会发现，一切都比想象中值得。

第二部分

方法论拆解：
赢在目标落地的五个基本功

第一个基本功：理目标

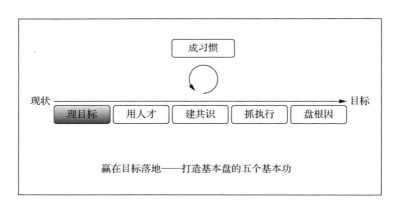

成习惯

现状 ————————————————————→ 目标

理目标　用人才　建共识　抓执行　盘根因

赢在目标落地——打造基本盘的五个基本功

难以落地的目标

如果目标层面出了问题，团队内部就会乱象丛生。

▶▶案例◀◀

有这样一家 A 公司，目前处于很好的赛道，老板对于市场的敏感度也很强，总是能抓住好的机会。以前，他是自己抓机会，自己执行，所以公司的第一曲线打造得比较成功。后来公司成功后，老板需要把权力分配给下属，变成了老板定方向，大家搞执行。

这样的分工导致的问题是老板说了一个目标，只能靠大家的理解能力去猜测执行，因此就是落地不出来。最后，当老板再说目标的时候，大家已经开始怀疑，公司到底有没有能力将其变为现实了。

所以很多有想法的人纷纷离开了公司，留下的要么是既得利益者，要么是没有议价空间的人。最后这家公司的"土壤"越来越贫瘠，再好的"种子"都不可能落地了。终于，A 公司从市场名单上消失了。

目标层面的问题，总结下来，有以下四种现象。

第一种：目标是虚的

具体表现在老板说了一个目标，老板认为很清晰，但团队理解不了这个目标的具体含义，导致团队也不清楚老板具体想要什么，也不知道如何去配合执行。

> 某个老板说，我们公司最大的问题，就是大家的认知水平太差了，他们跟不上公司的发展，即便我说了很多遍，但他们都好像没听我说过一样。

第二种：目标走形

年初定了一个目标，第一季度就变样了，团队就去忙别的了，第三季度基于第一季度的基础又变样了，但在变化的过程中，团队没有形成基于程序正义的共识和沟通，大家不知道为什么要变、要怎么变，只能盲目地跟着走。到了年底，业绩不好，就会导致大家觉得公司的公信力很差，不值得相信和托付，从而降低公司对人才的凝聚力。

第三种：禁不住压力测试

由于市场在不断变化，加上企业求生存要活下去的压力，导致企业一旦遇到挑战，就坚守不住目标。表层的原因是不得已，深层的原因是你的企业所坚守的价值主张是虚的，企业一旦没有自身的主心骨，只能见机行事，见机行事就很难做到笃定，就经不住压力测试，就会导致企业今天想做这个，明天想做那个，最后做了很多无用功。

▶▶案例◀◀

> 　　某家公司的 HR 吐槽自己公司，最大的问题就是无法坚守目标。她说，定目标从来都不是问题，都是群情激昂，势在必行。但是计划赶不上变化，做着做着就走形了。她说做支撑部门的，不可能去说业务部门的问题，只能跟着跑，还不能得罪这个、得罪那个，所以条条要求都要满足，总之一年下来，做得非常辛苦。
>
> 　　最后导致的情况就是大家已经不敢跟老板说话了，因为说了之后，怕老板觉得自己不够尽心。那么只能按照老板说的做，但大家都有自己的专业自尊，内心又看不上老板的决策，最后执行时只能是一团糟。

第四种：团队忙碌

很多企业管理层及其团队，都存在忙碌的问题——忙但碌碌无为，原因在于企业管理层及其团队没有分清楚目标、任务及手段之间的关联，单纯通过堆砌动作带来安全感。他们没有机制和能力去想：现有手段能完成任务吗？现有任务能促进目标达成吗？现有目标达成能产生价值吗？

那么这些现象的背后，本质的问题到底是什么呢？

德鲁克说："企业管理的本质是目标管理。"没有搞清楚目标管理，那么企业的很多活动，就是在做戏，就是在浪费生命。那么为什么企业的目标管理、目标落地如此之难呢？

是因为外部形势的变化，导致的不得已？

还是因为太忙了顾不上？

还是因为团队素质差，没有自制力？

借用史蒂芬·柯维的评价进行总结："根本的原因，还是因为'理目标'的功夫不到家。"

构建美好人生——理目标的三个指导思想

终有一天，我们会切切实实地感受到生命的有限性，人生不过百年，在未开悟以前，我们会过得浑浑噩噩，就像动物一般。也许我们的运气很好，突然之间开悟，让我们觉察到再往后走已经没有退路了，必须直视眼前的万丈深渊。这个时候我们才会真的开始享受生命，去创造属于自己的人生价值。

人的一生，点点滴滴都是生命馈赠的礼物。我们被随机送到这个世界，没有任何目的，最终大家的结局都是死亡。但如果非要给自己加一个目的，那就是你所能享受的这个过程。

2019—2020 年，我花了大概一年半的时间，研究张一鸣的目标管理法，这引起了很多人的关注。有一天，有一个字节跳动早期的员工过来找我。他说看了我研究的东西后很有感触，他当年近身跟着张一鸣及其他高管团队一起工作了三四年。于是我问他那几年最大的收获是什么。

他说张一鸣和他的高管团队，本身就是行走的"字节范儿"（字节价值观）：坦诚清晰、务实敢为、追求极致、开放谦逊、始终创业。跟他们在一起创业，有一种就是纯粹做事的美好。

我问他激发大家如此投入的底层原因到底是什么？他说当时他们都有一种"人生本没有意义，所以我们需要自己去构建属于自己人生的意义"的信念。

理目标，就是构建自身基本盘的起点和远点，就是要回答清楚"我是谁""我要做什么"这两个问题。这一步搭建好了，后面的四个基本功就有了附着之地。这里的重点，首先是何为人，再讲何为事，我们必须先搞清楚自身的人生战略，然后事业战略才会有稳固的生长土壤。

目标的构建，就是美好人生的构建，就是交给自己人生意义的答卷，它需要遵循三个指导思想，如下图所示。

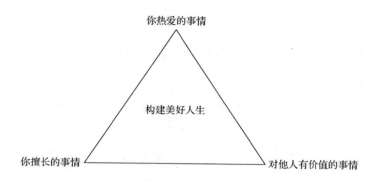

构建美好人生

你热爱的事情

你擅长的事情 — 对他人有价值的事情

▶你热爱的事情◀

每天早上，你是被什么叫醒的？如果生命还剩下最后一个月，你打算做什么？如果让你对人类做出一个有意义的贡献，你希望是什么？

自己是这个世界赠予我的最基础的工具，要用好这个工具，最基础的条件是要搞清楚这个工具的兴趣爱好是什么。

升学、就职的时候，我们经常填写这样的表格，表格需要回答你的兴趣爱好是什么。比如我，从小到大的爱好就是写作。这种持续的爱好，让我觉得自己的人生就没有变过，好像一辈子如同一天，只是身边的场景变了而已。

当你在做你爱好的事情时，内心就会有无穷的力量支持着你往前走。即便别人叫苦不迭，但是你却能自得其乐。

所以，可以多多追问自己："是什么让你乐在其中？是什么让你精神抖擞？是什么让你即便不被人理解，你也义无反顾？是什么即便让你遭遇重大挫折，你也不会放弃？"

▶▶案例◀◀

我认识一个创业者，他看上去比较粗放，也很讲义气。但是他所做的创业项目，却是面向女性的教育项目。

我就问他："你认为自己适合做这件事吗？你是如何理解女性教育的？"他的回答远远超出我的提问框架。

他说："我做项目，看的是这件事的市场价值，有多少人需要，还有什么空白市场没有被满足，商业前景如何。女性教育我认为是有商业前景的，我自己懂不懂不是最重要的，我不懂，但我可以找懂的人来做。"

我问："那真正支撑你做这件事的到底是什么？"

他说："是商业之美，商业之美让我着迷，这才是我真正感兴趣的地方，我将此生与之共舞。未来我还将投身到投资领域，会始终去研究、琢磨和体会商业的魅力。"

其实一个组织也是如此，组织从一诞生就具备它的性格和热爱。它就像一个孩子，如果我们不能遵循这个孩子的脾性去做事，那么结果也会事与愿违。

▶你擅长的事情◀

天生我材必有用。我们每个人都有自己擅长的点，只要自己去琢磨就能挖掘出来。比如你做哪些事总是比别人更出色？在什么领域会让你自信心爆棚？普遍来说，大家会因为什么而对你赞赏有加？

组织也是如此，有的组织擅长做资源对接，有的组织擅长做深度研究，有的组织擅长做服务产品，有的组织擅长做基础产品。找到了个人和组织的擅长点，然后去系统里找到自己的生态位，再去赋能别人，同时也能使自己得到阳光雨露的滋养，从而健康生长。

▶▶案例◀◀

俞敏洪说"双减政策"出台之后，他开始思考新东方的这艘大船该往哪里开。国家政策允许的事情有很多，比如芯片、半导体、新能源。但是这些事情，俞敏洪都认为不在新东方能力的延长线上，不要用自己的业余，去挑战人家的专业。

俞敏洪认为，新东方的本质是一家互联网科技公司，企业文化是理解客户、创新、敏捷、执行力强，适合做直播这件事，因此新东方可以成为农产品和消费者的连接平台。

▶对他人有价值的事情◀

了解自己热爱的事情和擅长的事情之后，还需要知道二者的合集是不是市场需要的，如果别人不需要、不付费，个人和组织的生存都会难以为继，所以以需求为导向、以客户为导向是个人和组织生存的根本。

人是群居动物，当你被孩子需要的时候，你是有价值的；当你被朋友需要的时候，你是有价值的；当你被配偶需要的时候，你是有价值的；当你被社会需要的时候，你是有价值的。需要你的人越多，你的价值就越大，你所能得到的回报就越多。我们生命的价值，建立在为别人创造价值的基础上。

当我们无法为别人创造价值的时候，可能就是我们走下坡路的时候。我们的主动权在于，不是别人的任何价值需求我们都要满足，而是去选择满足我们热爱的事情和擅长的事情的价值需求。这样才能达到双赢的结果。

企业必须承担社会责任，这样社会才能给企业资源，企业才能创造利润；组织内的关系，也是基于贡献的，你创造了贡献，你的价值就会得到认可，你没有创造贡献，你就没有价值。

▶▶案例◀◀

　　有一个做销售的朋友，她的业绩非常好。她说自己并不懂自己家公司的产品，因为公司是做高科技产品的，又是企业服务，产品讲起来全是术语，正常人都是听不懂的。

　　但是公司的产品，就是靠这样一个不懂产品的人卖出去的，而且卖得非常好。这其中的缘由是什么呢？她说，她抓的关键点，是决策者的需求。产品和服务方案她不懂，可以由专业的人来补充。但是决策者的需求是什么，她是清楚的。在成交的过程中，她只需要时刻把握住一个主线，那就是满足决策者的需求，不断地调配资源和沟通，最终让决策者持续地满意，公司的产品自然就卖得好了。

理目标的两个方面

　　我们把目标想象成一颗种子，如果我们想让目标落地，长成参天大树，最核心的要义，就是要扎根，根扎得深，好日子肯定能过，坏日子来了也能坚持住。

▶▶案例：神奇的无花果的根 ◀◀

无花果的树根，可以扎进地里几十米深，虽然其果树看上去并不是很高大，但是它的根非常长，无花果树幼树长势很快，其在种植的当年就可以长到两米以上。无花果的果实也具有丰富的营养，不仅含有大量的糖分，还含有丰富的维生素等营养物质，可以作为药材食用。

无花果之所以能够快速成长、营养价值丰富，与它深扎的根息息相关，没有根在地下吸收营养，无花果也不会成长得如此之快，更不会有如此丰富的营养。

在这个环节，教给大家两个重要的理目标的方法。第一个方法是你得先知道优秀的目标长什么样子，这样你才能有的放矢地去梳理和寻找；第二个方法是推导目标的八步流程。

▶高质量目标的五个要素◀

在大家"扎根"定目标之前，我先给大家介绍一下，高质量目标应该有的五个要素，如下图所示。

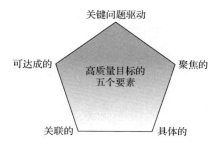

我来给大家一一解析，为什么这五个要素非常重要。

第一，关键问题驱动

什么是关键问题？就是从大局出发，当前的焦点问题，也就是为了达到我们想要的未来，当前要做的最重要的事情是什么？搞清楚了关键问题，我们就可以从容应对工作和生活了。

成功的秘诀，就是找准关键问题。

▶▶**案例**◀◀

某家公司年底做复盘，对于当前公司面临的关键问题众说纷纭，有人说是销售士气问题，有人说是团队老化问题，有人说是产品问题，还有人说是财务问题。

最后通过分析，对于他们的行业来说，最关键的问题就是如何再次打造产品的领先性。如果丢掉产品的领先性，公司将会完全失去市场地位。解决了产品的领先性问题，士气的问题、团队迭代的问题、财务的问题都将迎刃而解。

优秀的目标，是从关键问题推理出来的。如果目标达成，则关键问题得到解决，并且全局向好。

第二，聚焦的

每个人、每个组织，在一个周期内，能够完成一两个挑战性目标，就已经非常了不起了，如果设置了 5～10 个，甚至 10～20 个目标，你会发现，无论你们怎么努力，都毫无成果。

另外，下级的目标来自对上级的目标的拆解，如果上级的目标十分杂乱，下级也会非常难以理解上级到底要什么。简单的东西才可以重复，才可以被复制，目标的推理是非常复杂和缜密的过程，但是目标的成果，一定不能太复杂，要聚焦。

▶▶案例◀◀

某公司的年度目标包含 20 条老业务线的扩张计划，还有两条新业务线的孕育，同时，为了达到投资人的财务要求，又制定了一条保证利润率的目标。这些目标杂糅到一起，互相是有冲突的，彼此的逻辑是不兼容的。新业务线需要投资，但是财务目标需要保证利润。老业务线的市场份额已经持续几年下滑，当前的目标是继续扩张，那么如何才能保证扩张？

不聚焦的目标实践起来，就会导致内部打架，各个目标互相抢资源，结果就是大家看不到成功的希望。

有的公司使用 OKR 做目标对齐，公司定 10 个目标，各团队分别定 10 个目标，每次对齐时，都非常冗长且抓不住重点，最终这些公司会因为"目标过载"的问题，不得不放弃 OKR 的跟踪。

第三，具体的

目标不应该是放之四海而皆准的，而应该根据每个个体特殊的情况来制定，应当具有明确的限制性和适用边界。

每个目标都应该有自己的定位。比如提升客户满意度这个目标，每家公司都会定。那么你们公司在客户满意度方面的问题到底出在哪里？是没有服务流程的 SOP（Standard Operating Procedure，标准作业程序）？还是产品质量不行？还是投诉响应速度太慢？只有当目标足够具体的时候，公司与各部门才有执行的抓手。

▶▶案例◀◀

某客户服务部门制定了一个目标，希望能提升团队的专业度。这个目标制定出来后立刻引起了团队的质疑，你所说的提升专业度，到底是什么专业度？是接电话的话术专业度，还是响应速度的专业度？还是你们培训课件的专业度？

最终，这个客户服务部门的领导回答不出来，他说制定这个目标的原因是，客户服务部门的员工总被大家投诉不专业。至于到底哪里不专业，主要矛盾是什么，他还不清楚。他承诺会在一个月内搞清楚具体的指向，并将更具体的目标提交给公司。

第四，关联的

在一个团队里，目标不应该是分散的、各做各的。如果各自占山为王，那么还做什么团队的目标管理呢？干脆都各自去创业算了。大家成为一个团队，就是希望集众人之力，来成就单靠一个人无法完成的有挑战性的任务。

所以目标应该是自上而下拆解，自下而上支撑，横向部门互相协同的，最终形成一个目标网络。

另外，短期目标应该是与长期目标关联的，这样也能形成复利效果。

▶▶案例◀◀

某团队制定的目标是：通过一年时间提升 A 产品的市场占有率。

那么相应地：

产品部为了达成这个目标，目标是什么，策略是什么？

市场部为了达成这个目标，目标是什么，策略是什么？

销售部为了达成这个目标，目标是什么，策略是什么？

服务部为了达成这个目标，目标是什么，策略是什么？

……

最后各个部门合在一起就是一整盘棋，而不是各自为战。同时，这个公司级目标完成后，拿下了足够多的市场，又将为公司未来的长期发展目标助力。

第五，可达成的

目标一定是有挑战性的，但有挑战性不代表可以瞎喊口号，我们要制定"跳起来摘桃"的目标，不能制定"跳起来摘星星"的目标。

当我们制定"跳起来摘桃"的目标后，还需要做理性的拆解，使之在真实发生前已经做了充分的推演。也就是说要先胜而后战，不要打无准备的仗。知己知彼，才能立于不败之地。不要头脑发热冲出去，想利用混乱取胜，胜率往往很低。"乱拳打死老师傅"的胜利，只是偶然，大部分想利用混乱取胜的结局都是成为"炮灰"。

任正非说过，原子弹必须要先在黑板上爆炸，然后才有可能在地上爆炸。没有经过推演的目标，就是莽撞和投机。

▶▶案例◀◀

> 某个非常优秀的新手业务员小 A，去年做了 800 万元的业绩，在他们这个行业里，最优秀的业务员一年可以做 2000 万元的业绩，但这需要专业能力和客户资源的积累。
>
> 小 A 如果确实天赋异禀，他制定一个年度业绩 2000 万元的目标，想在入行第二年就成为行业奇迹，也许是有可能的，毕竟纪录已经被创造了。但如果他制定的目标是 5 亿元，超出了两家头部企业的收入之和，我们就要考虑是不是小 A 入错行、大材小用了。

现在我们知道了优秀目标的五个要素，那么对应的坏目标的五个特征也就很清晰了，那就是问题模糊、目标太多、不够明确、各自为战、目标不可达成，如下图所示。

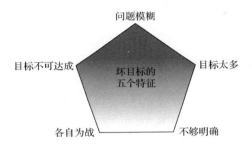

▶八步流程目标推导◀

目标就是用来落地的，如果目标不能落地，那就是知行不合一。而让目标落地，则需要让目标具备落地的条件。我们通过前面的内容，了解了目标难以落地的四种形态、理目标的三个指导思想，还有高质量目标的五个要素，接下来用八个步骤来推导你的目标吧。

在推导目标之前需要明确一个边界，不是所有人都能轻松地知道自己想要什么。因为制定目标需要提前思考"你此生打算为谁创造什么样的价值"。

回答这个问题非常难，因为这需要一个人有外部视角，对于整个宏观环境有综合判断能力，还需要有客户视角。这也是为什么大多数人会选择加入一个集体，而不是自己单干。因为加入一个集体，我们就不需要回答这么宏观和有深度的问题，只需要知道自己能做什么就可以了，然后将自己的时间和智力贡献给这个组织，并在这个组织里实现自己的价值，从而获得更多收益。

所以这里主要是从组织一号位的角度来推导目标的，一号位在组织里承担的主要功能就是把握方向、运筹帷幄。

如果你不是一号位但希望像一号位一样思考问题，也可以用这八个步骤来推导你自己的目标。要知道，能从一号位的角度思考问题还能落地的员工，将会看到更广阔的世界，得到更好的发展机会。

只要思路打开了，人人都是一号位，人人都是 CEO。

让我们一起开始吧！

第一步，关键问题驱动

关键问题的定位，来自两个问题：

第一，我想要什么？

第二，此时此刻，我最应该做什么？

为什么很多团队会忽略对于关键问题的探寻？因为这一步涉及深度思考。事实上我们的大脑是特别图省事儿的，能不思考就不思考，跟着惯性来，所以我们很容易被大脑带进沟里。

那么，我们如何回答这两个问题呢？这需要一些问题来搭桥。看着波澜壮阔、彼岸离我们很远的河流，仅靠肉身，我们无可奈何，但如果有了工具的支撑，我们就可以架桥过河了。

1. 人生大框架

首先，可以由一组推导人生大框架（如下图所示）的终极问题来让自己思考：你到底要什么？

问题如下。

（1）请在你的葬礼上，用一句话来评价你的一生，格式为："这个人在_____领域做出了卓越的贡献，他是一个_____的人。"

（2）是什么事情让你激动，对于别人来说非常困难，但对你来说却毫不费力？

（3）是什么事情，即便最后失败了，你也不后悔，你依然觉得值得？

这三个问题，能够帮助一个人将自己人生的大框架搭出来。

作为创业团队的陪跑者，我常常用这组问题去追问创业者和管理者，能够回答出这组问题的人，通常都具有稳定的表现；如果暂时回答不出来，这组问题也会吸引大家持续思考。

▶▶案例◀◀

> 我曾经服务过一个创业者，他是一个资历深厚的人，在我为他服务期间，他的公司正值转型期，又在新冠疫情期间，业务人员非常焦灼，团队负面情绪很大，投资人给的压力也非常大。
>
> 但奇怪的是，每次我与他沟通，他都神情轻松，而且对于突围也非常坚定。我把这个人生大框架的三个问题给到他，他的回答是，他坚定地相信，在自己被盖棺定论的时候，自己会被认为是这个领域的奠基者和发扬光大者，所以，他有足够的底气应对当前的低谷期。
>
> 这就是一个人的信念产生的巨大力量。

2. 关键问题定位

当人生大框架搭出来之后，就意味着我们有了人生的方向，但这还不够，这只相当于房子有个屋顶了，但还不能住，还不能落地，还很虚、很空。

那么接下来就要问自己，结合现在的外部状况，你的用户是谁？现在用户的需求状况发生了什么变化？存在什么样的机遇？我们如何才能够抓住这个机遇？这些就是关键问题，如下图所示。

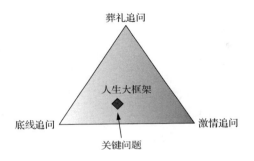

需要集中力量解决的问题，就叫作关键问题。找准了着力点，就会事半功倍。

> 《矛盾论》指出，在复杂的事物的发展过程中，有许多的矛盾存在，其中必有一种是主要的矛盾，由于它的存在和发展，规定或影响着其他矛盾的存在和发展。事物的性质，主要是由取得支配地位的矛盾的主要方面所规定的。

如果不问这个问题，你会发现，你可以做很多事情，比如去做品牌、搞客户关系、做产品、搞流程等。这些事情，如果你平均用力，你将陷入平庸。我们必须找到核心发力点，找到到底哪个问题解决了，全局就向好了。

要想得出关键问题，可以先做四个问题的前置推演，对于现状进行推演分析：

目标用户的需求发生了哪些变化？

是什么导致我们得不到用户的认可？

现在市面上谁更能得到用户的认可，他做对了什么？

是什么导致我们进展缓慢？

如果当下你只能做一件事，从而使局面快速向好，请问你会做什么？

现状分析完毕，然后开始聚焦关键问题的定位，进行取舍，如下图所示。

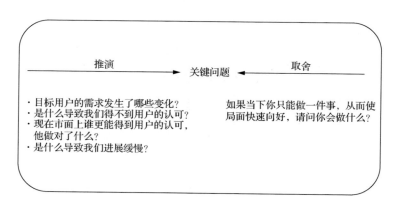

▶▶案例◀◀

在前文中，我们曾经提到的某公司年底复盘的案例，当时大家非常痛苦，因为公司的业绩已经连续三年没有增长了，大家说起公司的问题时，有人说是销售问题，有人说是团队士气问题，有人说是团队老化问题，有人说是产品问题，还有人说是财务问题，等等。但归根结底，如果企业想要持续发展，一定要解决"用户为什么买你的产品或服务"的问题，最后去伪存真。

最终，从客户界面倒推，他们找到的主要矛盾是：公司的产品老化了，不再具备领先性，所以团队士气就低了，销售也没有动力了，品牌也越来越不响了。

那么关键问题就是：如何打造产品的领先性？

好的问题会让局面豁然开朗，如果说在搭建人生大框架的时候，你还只是纸上谈兵，但当你抓住了真正的关键问题后，就意味着你真的可以在当下着手创造自己的人生了。

这个关键问题也将指引着你未来的行动方向、目标和策略路径，从而让局面更上一个台阶。

如何验证你是否抓住了关键问题呢？

没有抓住关键问题的个人和团队觉得什么都重要，什么都不能得罪，什么都想讨好，因此无法分出优先级。

而抓住了关键问题的个人和团队，知道当下的致命点在哪里，他们不会像撒胡椒面一样均衡用力，而是会分清楚优先级，在当前周期内，会将至少80%的精力放在关键问题的解决上，通过解决关键问题，为其他问题铺路并创造领先优势。

第二步，聚焦优势

什么叫作优势？我在给企业服务的时候让大家总结自己的优势，大家经常会说我们的团队很努力，有韧性；我们的产品服务好；或者说我们敢打敢拼之类的。

这些优势是客观存在的，但有一个关键问题是，这些优势能让客户在新的一年愿意继续下单吗？客户会为你敢打敢拼付费吗？不会的，客户只会因为你满足了他的需求而买单。如果你认为自己的优势是服务好，当友商们服务都很好时，客户需要的就不再是服务好，他们需要的是新的刺激点，此时服务好只是一个基本面，不再是你的优势。

所以，当我们说要制造优势的时候，实际上说的就是你的差异化在哪里，客户凭什么要买你的产品，以及客户凭什么持续付费给你。这些问题的答案在于**一切从客户出发，而不是内部视角**。

企业的竞争优势，通常来说，包含以下几类。

- **成本优势**：同样的产品和服务，你的价格要比竞争对手实惠，因此客户在货比三家之后会选你。

- **技术优势**：拥有强大的技术团队和实力积累，客户用你的产品迭代速度快、效果好，所以客户就选你。

- 授权优势：拥有资质壁垒，你可以拿到别人拿不到的授权，所以客户只能选你。

- 产品优势：你打造了别家暂时打造不出来的产品，所以客户只能选你。

- 品牌优势：因为长期的口碑积累，只要是你的品牌出的产品，客户无条件地选择第一时间支持。

你还可以继续梳理，只要是让客户选你不选其他家的理由，都是你的优势，找到了这个优势，就可以无限放大它，从而获得市场领先优势。

▶▶案例◀◀

我服务的一家公司，他们的主营业务是销售医美器械，他们的团队特别敢打敢拼，创业多年来也有大量的客户积累。但是本质上他们的优势是什么？是他们制造出了行业没有的、效果好还无痛的美容仪器。这就是产品优势，产品优势的背后是技术优势。

还有一家软件服务公司，他们的优势在于提供的概念是国际领先的，在国内其他人都没有做出来的时候，他们就先做出来了，而购买此类服务的客户，对于前沿性的概念服务是愿意买单的。

客户需要，别人没有，而你有；别人有，但你的更优。这就是优势。

　　通常来说，优势一定包含两个元素：客户需求和交付价值。它们的合集，就是你的优势，如下图所示。

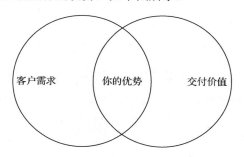

　　一般来说，在行业里，虽然各家企业是同行，但是大家对于客户的理解都有所差异，每一家独特的竞争优势都是经年累月形成的。一旦你找准了这个点，快速行动，竞争对手很难立即反应过来。

　　竞争，就是要以己之长，攻彼之短。

　　解决关键问题靠什么？一定要将自己的优势发挥出来，我们必须扬长避短，而不是总聚焦于自己的短板。需要注意的是，在战略层面一定要规避短板；但当战略既定时，在战术层面，为了达成战略，就必须要补短板。这是一个很少有人注意但是非常重要的原则。

　　我在服务企业的时候，经常看到大家对于自身的优势理解是从内部视角出发的，从而导致孤芳自赏，在客户侧和产品侧都做不到聚焦，只能撒胡椒面似的什么都做，均衡用力，这种资源浪费的现象非常普遍。

我可以负责任地说，唯有聚焦才会成功。聚焦是指聚焦于优势，让你和客户"面对面谈恋爱"。

第三步，定出必胜战役

前两步是重要的定性分析，第三步则是重要的定量分析了。

我们知道了问题所在，也知道我们可以发挥的优势在哪里了，那么，这一年我们能够打到多少"粮食"呢？

这里给大家一个关于计算增量的思考框架：

第一，客群规模有多大？

第二，优势领先对手多长时间？领先时间越长意味着溢价空间越大，产品单价越高。

第三，你的组织能消化多少需求？

把这三个数字相乘，最后得出来的就是你今年的业绩了，如下图所示。

客群规模 × 产品单价 × 组织消化能力 ＝ 今年业绩

▶▶案例◀◀

> 某家公司，今年的业绩目标是 3 亿元，这个业绩目标是怎么来的呢？

他们有一款产品现在正在上升期，竞争对手还没有追上来，产品满足了客户的独特需求，客单价是 10 万元。

　　这个客群总体规模是 10000 个，去年公司新拓展了 500 个客户，现在有一年的窗口期，他们想用一年时间，先抢占 30% 的市场，也就是要新增 3000 个客户；乘以客单价，就是 3 亿元的业绩目标。

　　而组织能力也按照 3 亿元的目标来做匹配，去做团队编制的预算。

　　通常到这一步，看到了数字就会让人豁然开朗，要打多少"粮食"谁都能看得懂。这个业绩的推理办法，比直接拍脑袋定数字的方式好在它有思考的框架与基础。

　　首先，知道了客群，所以我们就知道了敌人在哪里，不至于出去放空枪，浪费子弹。

　　其次，我们的价格是从产品优势推导出来的，剑走偏锋，不跟竞争对手打消耗战。

　　第三，组织能力的规划。通常来说，与我们要挑战的目标相比，组织能力往往是跟不上的。如果这个时候第三项就写 0.1，那么前面的数字再大最后结果都会变得很小，所以第三项可以根据需要的组织能力来填。组织能力本质上就是在"打粮食"的过程中提升起来的，就像在战争中学习战争。

第四步，可行性分析，资源匹配

从关键问题出发，聚焦于我们的优势，为了打赢必胜战役，我们需要有一组连贯性的动作和资源补充，不断强化我们的优势，最终拿到想要的结果。

企业的基本面就是产品、营销、服务、组织、财务，如下图所示。那么为了打成这个必胜战役，可行性分析、资源的匹配也围绕这五个基本面展开。

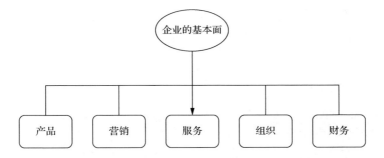

通过这样一套组合拳，我们的优势壁垒不断加深，这既会让我们这一仗打得漂亮，也能阻隔竞争对手的抄袭，他们能够抄袭一个点，但很难抄袭到全面。

这五个基本面，并不是每次都要平均用力。

（1）在价值验证期，产品是第一位的。这个时候想要马上赚大钱，是不可行的。

（2）在市场扩张期，营销是第一位的。这个时候服务和产品的问题，也要让位于营销，在扩张中解决问题。市场往往存在机遇期和窗口期，扩张速度慢就会失去机遇。

（3）在市场稳固期，服务是第一位的。把价值做深做透，做出高溢价来，成为行业的专业知识来源，重新定义行业。

（4）在市场衰退期，就要把成本和利润控制好，避免亏损。

组织和财务是打赢必胜战役的最基础保证，在业务持续追求增长的同时，组织必须持续增效，费效比要控制好，资金链不能断裂，要持续引进和培养人才，时刻为新的战役做准备。

以上五个基本面，都需要以客户为中心来倒推目标，而不能以部门为中心。

▶▶案例◀◀

前文说到的 3 亿元目标的案例，他们的产品价值已经过了价值验证期，因为市场窗口期就一年时间，所以他们当前最重要的就是营销和抢占市场。另外产品不能掉链子，服务层面要保证投诉率不能过高，以免妨碍销售。

他们的目标如下。

第一，销售部：抢占 30%的市场。

第二，产品部：产品在第二季度完成迭代升级。

第三，服务部：客户满意度不低于 90%。

第四，人力部：销售和产品团队新增 30%人员。

第五步，限制性因素的分析

前面四步都是在正推我们的目标，第五步就要开始反推，灵魂问题是：**是什么让我们完不成目标？**

- 个体层面：企业成员对于目标的理解度不够？工作习惯太差？

- 团队层面：团队协作的效率低下？团队能力欠缺？

- 外部环境：外部环境持续不断变化带来的压力？

这一步的价值，就是给自己做压力测试，我们真的笃定这个事儿吗？

这一步还可以让我们提前预判，当这些问题出现时，我们的应对方式是什么？我们的优先级是什么？我们还会力保目标的实现吗？以及我们如何力保目标的实现？

反向推演之后，再来问自己对于达成目标的信心指数是多少。

▶▶案例◀◀

某公司制定了业绩翻倍的目标，做完目标拆解之后，开始反推什么会导致目标完不成。其中提及最多的限制性因素是团队不协作、激励跟不上和产品跟不上。进一步追问，如何才能解决这三个限制性因素呢？最终团队通过一起讨论和分工，制定了促进增量目标达成的激励方案——导向高效协作，产品创新方向的超强刺激计划，并引入相应的人才。

第六步，走一步，看三步

我们的目标是结合我们的人生大框架与当前外部环境分析得出的，它是当前解题的最佳方式。这个必胜战役，除了让当下赢，还要让未来赢。优秀的棋手都是走一步看三步，甚至看到五步开外。

▶▶案例◀◀

这里不得不说一下我所研究的对象，字节跳动创始人张一鸣，以及他"看见未来"的能力。

据媒体记载，2014年9月，张一鸣跟随极客公园的活动来到美国参访学习，离开美国前一天，他们来到金门大桥，眼前波澜壮阔的景致触动了张一鸣。他跟源码资本曹毅讲起自己创立今日头条的事情。

写商业计划书时，他做过一个模型预测，今日头条有机会在5年时间内把日活用户做到1亿。曹毅问："你怎么做到呢？"张一鸣就把新闻人群的市场规模、渗透率、自己在里面会是什么位置，清楚地讲了一遍。

2016年10月，今日头条DAU（Daily Active Users，日活跃人数）破亿，比张一鸣预测的时间提前了几个月。如此精准的战略规划能力，令人震撼。

曹毅这样描述张一鸣，他对很稀有的大东西必须拿下，他会全力以赴，投入所有精力和资源，然后大力出奇迹。

你能看见多少，你就能做到多少。

在下图中，我们以年度目标为起点来制定我们的目标。对普通人而言，定一个年度目标是可以做到的。终局，只要你愿意去想，也是可以想到的，比如你想做一个有利于社会的人，或者你想做一个科学家，反正离得也很远，想一想又不需要负责任，能不能实现，暂时也不会马上见效。

年度目标	三年目标		终局
有推力依据	很难想清楚	→	可以以做梦的方式去想

但是认真去想三年的目标，或者五年的目标，却是非常有挑战性的。首先，你拿什么去想？就像张一鸣这样的方式，他相当于利用算法，建立模型，输入参数，然后通过计算，得出一个科学的结果。然后，三年的目标很快就要兑现了，它更具象。如果你是一个领导者，你开出的承诺书，团队是等着兑现的，这给人的压力就会很大。

那么，想清楚三年的目标重要吗？非常重要。其实这就跟人体拼图一样，你看到头发，很难马上就能想到脚，但是以头发为据点，你可以往下去推算额头、眼睛、鼻子的位置。如果整个头的位置，你都找准了，那么脖子到肩膀，你也能更顺利地摸清楚，就这样一步步推演，最终，你就能搞清楚全身各部分的布局。同理，顺着三年目标向下梳理你就能搞清楚全局，有了地图，才能更好地赶路。

所以，有了年度目标之后，我们还需要问自己，明年打算干什么；明年想清楚了，后年打算干什么；后年想清楚了，大后年打算干什么。还可以反推，如果你的终局是实现这样一个梦想，那么未来三年，做到什么程度，你认为是合理的，也是必需的。

日本的"经营之神"稻盛和夫曾说，在我们的人生中，想要做成某件事，我们首先要描画它的理想状态，然后把实现它的过程在头脑里模拟演练，直到"看见"它的结果。换言之，就是对这件事持续抱有强烈的愿望。首先敢于设定很高的合格线，然后反复思考推演，在头脑里让理想和现实完全重合。这样做就可以取得令人满意的、出色的成果。

有趣的是，事先能够清晰看到的事物，最后一定能以"完美无缺"的状态出现。相反，事先形象模糊的事物，即使做出来，也达不到"完美无缺"。而这种体悟，来自稻盛和夫一生的经历。

在用以下表格思考目标时，我们依然可以用前五步所用到的元素对其进行细分拆解。这一步的重要性是，你能看到多少，你就能拿到多少。你比别人看得远、看得清，你就能比别人更稳更扎实。人与人之间的竞争力和领导力的差异，就来源于一个人能不能更清晰地看清楚未来，以及如何带领大家到达这个未来。

定目标的核心价值就是应对变化，以确定性去应对不确定性。

年度目标	今年会夯实哪些基础？ 带来哪些成果？
明年的目标	明年你的基本面是什么？ 明年你不变的东西是什么？ 明年你可预测的变化是什么？ 基于终局倒推，明年你的理想态是什么？
后年的目标	后年你的基本面是什么？ 后年你不变的东西是什么？ 后年你可预测的变化是什么？ 基于终局倒推，后年你的理想态是什么？
大后年的目标	大后年你的基本面是什么？ 大后年你不变的东西是什么？ 大后年你可预测的变化是什么？ 终于终局倒推，大后年你的理想态是什么？
终局墓志铭	

▶▶案例◀◀

在前文里，我们提到了一年要抢占 30% 市场份额目标的公司。在宣布了这个目标之后，老板给大家讲解了这个目标跟未来的关联性。这个目标一旦达成，他们将是这个领域的强势玩家，积累的用户数和市场影响力，可以帮助他们做下一轮产品扩张。

这也就是"一步领先，步步领先"的战略。

听了这个目标分析，团队成员个个摩拳擦掌，因为他们知道，跟着这个目标和战略来干，不只能让自己当下赢，还能让自己未来持续赢。

第七步，外部压力测试

目标，也是我们孵化出来的产品，因为目标也是人创造出来的。

产品正式对外发布之前，首先要在自己内部测试行不行得通，然后找一批种子用户来测试行不行得通。

找到你认为的聪明人、行业专家、种子客户，还有信得过的同事，让他们都来对你的这个决策挑刺，让他们找到你没有看到的盲区，如下图所示。这个过程要足够真诚，认真吸收其他人有价值的意见。

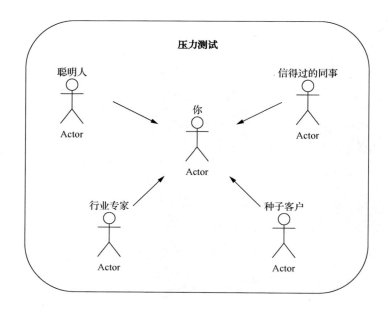

通过这个过程：

第一，如果你能客观地找到计划的漏洞，对你的未来的落地，就会非常有帮助；

第二，通常来说，大家会从各自的角度，在战术层面给你补充很多意见，这也有益于优化目标。

▶▶案例◀◀

在制定企业战略的时候，大家都可以抛出自己的想法，其他人可以根据你的想法提问题。我们会发现，这时会有两种非常独特的情况。

第一种，一问就倒。 比如一个人说，我今年要完成2000万元的业绩，别人问他，凭什么？他说气氛都到这里了，肯定要定一个高目标；别人继续追问，你怎么知道你一定做得到？他的回答是，我会努力的。这样的回答，就会让大家觉得发虚，感觉就是他拍胸脯决定的目标，至于能不能成功，完全要看运气。

第二种，怎么问都不倒。 2016年，我曾聆听过张一鸣和朋友之间的一场对话，他的朋友问他，有没有打算把公司卖给腾讯。张一鸣淡定地回答出，腾讯竞争的着力点是什么，他们自身的优势是什么，时间优势又是什么，最终他能够系统地分析出为什么他会选择独立发展公司。这不是意气用事，而是他理性分析的结果。

在企业战略会上，我也曾见过这样的老板，对于自己的决策，因为他有系统的思考作为支撑，所以当团队提出问题的时候，他能够不卑不亢地予以回答，让团队吃下定心丸。

人才都是压力测出来的，好的目标也应该是压力测出来的，而不应该是一个人的臆想。

但同时，目标选择的"生根"，谁也无法替你拿主意，只能给你出主意，最终的判断还是需要你自己来做。

如果这关你过了，就可以进入下一步了。

第八步，目标显性化

前七步层层过关，恭喜你，输出了一个扎根很深的目标。

为了让这棵树未来能够结出甜蜜的果实，在制定目标这个环节，你还需要一步，就是使目标显性化，让这棵树，总能在你的视野范围内出现。

人是环境的产物，目标定了之后，如果你从此再也看不到它、听不到它、想不到它，那么这个被遗忘的目标必然失败。

所以，这个环节你可以大显身手，无论是写出来还是画出来，请把你的目标放到你每天一睁开眼就能看到的地方。

行动指南

▶**行动一：推演你的目标**◀

（请在空白处写下你的答案或做法）

八步流程推演目标	
关键问题驱动	**人生大框架** 第一，写出自己的墓志铭：在你的葬礼上，用一句话来评价你自己，格式为：这个人在_____领域做出了卓越的贡献，他是一个_____的人。 第二，什么事情让你激动，对于别人来说非常困难，但对你来说却毫不费力？ 第三，什么事情即便最后失败了，你也不后悔，你依然觉得值得？ **定位关键问题** 目标用户的需求发生了哪些变化？ 是什么导致我们得不到用户的认可？

	现在市面上谁更能得到用户的认可，他做对了什么？
	是什么导致我们进展缓慢？
	如果当下你只能做一件事，从而使局面快速向好，请问你会做什么？
聚焦优势	我们的差异化竞争优势是什么？
	是什么让客户会一直给我们下单？
	我们可以提供的交付价值是什么？
定出必胜战役	我们要抢占的客户群体有多大？
	我们的产品单价是多少？
	我们需要什么样的组织来完成这项任务？

可行性分析，资源匹配	产品要做到什么程度？
	营销要做到什么程度？
	服务要做到什么程度？
	组织要做到什么程度？
	财务要做到什么程度？
限制性因素分析	是什么让我们完不成目标？是个体层面、团队层面还是外部环境层面的原因？
	一旦问题发生，我们的应对策略是什么？优先级是什么？当问题发生后，我们如何力保目标的实现？
走一步，看三步	当今年的目标达成后，我们会继续做什么？明年的目标是什么？后年的目标是什么？大后年的目标是什么？

外部压力测试	找到聪明人、行业专家、种子客户，还有值得信赖的同事，对你的决策进行挑刺。
目标显性化	请把目标放到你每天一睁开眼就能看到的地方。

▶行动二：评估你的目标◀

（请给你的目标打分）

高质量目标的五个要素	优秀（5分）	良好（4分）	一般（3分）	较差（2分）	极差（1分）
关键问题驱动					
聚焦的					
具体的					
关联的					
可达成的					

最终，如果总分在 15 分以下，建议慎重而行，尤其不适宜团队协同作战；如果总分是 20 分，可以在执行过程中，不断纠偏；如果总分是 25 分，恭喜你，你已经有了一个"生根"的高质量目标，那么接下来，就用实践不断去验证和迭代吧！

第二个基本功：
用人才

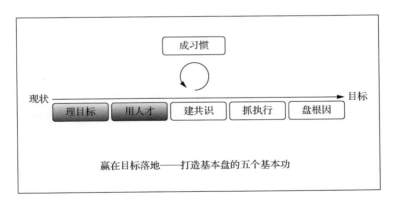

成习惯

现状 ——————————————————————————→ 目标

| 理目标 | 用人才 | 建共识 | 抓执行 | 盘根因 |

赢在目标落地——打造基本盘的五个基本功

难以用好的人才

目标确定之后，就要组建团队了。但很少有这样的好事：事儿想清楚了，人也能理得特别明白。

大部分时候我们的团队是如何组建起来的呢？要么是走投无路，只能拉几个相信自己却不知能力如何的人，只要对方能被我们忽悠过来就好；要么是接手别人组建的团队，赶鸭子上架。

有时候，我们甚至因为不自信，所以要组建一个团队，希望这帮优秀的人能够拯救自己，自己搞不明白，所以要靠大家把事情弄明白，干出一番大事业。但这样的美梦，要么存在于书里面，要么是白日梦，它就不可能会发生。一个战略和方向都搞不清楚的人，牛人凭什么跟你？

所以现实情况就是，每家公司在团队合作层面，都是非常闹心的，具体表现在以下几个方面。

第一，吃自己的饭，砸自己的锅

大家在一个公司上班，也从一个账户上拿钱，但是大家对于未来的思考，却不在一条路线上，各想各的，各干各的。明明是一个团队，但是最恨这个团队的，最喜欢说这个团队坏话的，往往都是自己人。如果真的不想在一起干了，还不如明说，这样假装是一个团队，还不如早点分开。

所以说，失败都是从内部开始的。

▶▶案例◀◀

历史上有名的以少胜多的官渡之战，其实当时即便不开打，用粮草优势，再坚持一个月，袁绍就能把曹操熬"崩盘"了。

坚持了快一年半了，但是就在最后一个月，发生了一件戏剧性的事情。袁绍的发小兼谋士许攸，因为对老板不满，背叛袁绍投靠曹操，告知曹操袁绍的粮草藏在乌巢。

曹操亲自率领人马烧了乌巢。没了粮草的袁绍军队，很快就"崩盘"了。

这就是自己人坑自己人的典型案例。

第二，没有明确的人才要求

很多团队都存在一个问题，就是只知道缺人，所以要招人，仿佛只要招到人业务就能好起来。但是人招进来之后，又会抱怨人的素质不行，达不到要求，用不起来。但如果你问他，你究竟要什么样的人，他又说不清楚具体要求。

这就导致人力团队不得不听从上级的要求去招人，不然自己的 KPI 完不成；招人之后，又成背锅侠。大家都仿佛如梦游娃娃一样机械地执行动作，却不对结果负责。

第三，没有成体系的用人机制

人才进入公司之后，公司如何才能用好人才呢？大部分公司都没有系统安排，而是各个管理层随机、随性地发挥。通常来说，十个管理者里，有一个达到及格都算不错了。在这种情况下，即便不错的人才进来了，他的才能也发挥不出来。

能成为高管的人，也许个人能力是过关的，加上在老板需要人的时候，刚好站在了老板身边，之后大量资源和机会的投喂，使他成了高管，但他不一定具备带人的能力。

那么如何应对管理层带人能力不行的问题呢？需要通过系统解放管理者，降低对管理者个人的要求。

第四，没有明确的退出机制

有的人确实用不起来，在组织里发挥不出作用，但是却没有相应的退出机制。业务负责人觉得人才的引进和退出都是人力团队的事情；人力团队觉得人是你用废的，不是我们不帮你开人，你要自己学着收拾战场，或者人力负责人干脆就不知道管理者是怎么想的。

大家都不希望做恶人，那么一批批用不起来的人，就这样窝在了团队里，生成"脓包"，这些人"做一天和尚撞一天钟"，最终成为公司沉重的财务和发展负担。

▶▶案例◀◀

我在辅导很多公司的时候都设置了一个环节，就是让大家讲一讲，对自己公司最大的担忧是什么。

很多人都会说，我最担忧的就是我们公司不开人，从上面到下面，都存在着一大批躺平的人，也没人动他们。他们躺平就罢了，更糟糕的是还会影响其他想做事的人。其他想做事的人在他们看来，就是"卷"，就是想邀功，就是想让他们不好过，最后就闹成了内讧。

这样的团队，怎么可能把事情做好呢？

那么，"用人难，难用人"的本质是什么呢？

本质是事儿没有想清楚，人没有理清楚，没有用人的规划，步步偷懒产生的恶果。一步错，步步错。

随随便便拉来的一帮人，没有规划、没有经营，只能算作团伙。土匪最后的命运要么是被招安，要么是被灭，总之就是很难成事，这个规律千百年来都没有变。

那么，如何补救呢？按照我们的规划，理清楚自己到底想要什么样的人，以及该如何与之共赢吧！

一群有价值的人，做一件有意义有挑战的事儿——用人才的四个指导思想

很多人在年轻的时候都会思考应该去哪个城市发展。其实年轻的时候很难有什么算无遗策，但是有一条我们可以做参考，那就是"优秀的人才去哪里，你就去哪里"。比如，三国时期的几个大佬在年幼的时候就是在一起的，最终整个三国中他们都是主角；再比如当前的北京创投圈，王兴和张一鸣早年就认识，王兴的创业班子里的人很多是他的高中同学和大学同学，他上的是清华大学，起点就很高。

如果你想做优秀的人，那么一定要去优秀的人聚集的地方。

如果你想成就一番大事业，那么一定要找优秀的人搭班子。

你所找到的人决定了你能够走多远。千万不要认为自己可以改变其他人，因为人的塑造因素有天赋、天命、他自身所带有的系统，还有日积月累从刺激到反应不断沉淀下来的行为模式，这些不可能轻易改变。

所以，在用人才的内容中，在讲方法论之前，我们先讲四个指导思想，如下图所示。

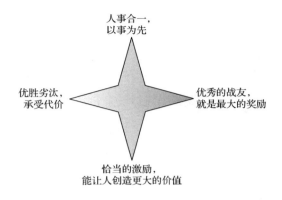

▶ 人事合一，以事为先 ◀

人，才是最终目的。我们经营这个世界的目的是什么？当然是为了让人生存得更好。如果马斯克的火星计划不是为了全人类的命运，那么他所计划的这件事，也不会引起这么大的关注。

但是，在带领团队拿结果这件事上，我们却要逆向思维。如果一号位不能把事情想清楚，那么再优秀的人，在你这里也待不下去。

比如，有的人非常适合去开拓市场，但是你迟迟不能把可以赢得用户的产品研发出来，那么这样的虎将也无发挥空间；又如，有的人人脉特别广，只要你的业务增长空间能搞清楚，他就能给你输入大量人才，但是你就是没搞清楚，那么他也无法发挥。

我们也都曾听说过，有的人起点很高，出来创业带着一大批背景很好的牛人，还有诸多资本加持，但是最终的结局还是一地鸡毛。

所以，第一个指导思想非常重要。在企业经营这件事上，首先还是要把业务梳理清楚，要知道哪里有富矿，为什么我们可以拿到这个富矿，这些事情搞清楚之后，牛人进来，就可以跟着你在策略层面"边打边思考"，在过程中验证和迭代。

▶▶案例◀◀

有人问查理·芒格："你在评估是否要投一家公司的时候，更看重业务本身，还是更看重管理层的素质？"

查理·芒格的回答是："公司的业务始终是排在第一位的，然后才是管理层，如果投公司只投好的管理层，而公司的业务不是很好的话，就不会取得现在这么好的成绩。"

查理·芒格还举例说："可口可乐很长一段时间都被一个不好的管理者运营，但是赢利能力依然很好。"

▶优秀的战友，就是最大的奖励◀

业务理清楚之后，至少我们有了清晰的方向，具体如何落地和迭代，让想法变为现实，就是牛人的发挥舞台了。

这个时候，庸才只要看到有挑战性的目标，就会唉声叹气，觉得这个目标绝无可能完成，因为之前就没有人完成过。我们不能怪庸才，因为每个人的眼界都受到思维方式和所接收到的信息的影响。

当你的合作伙伴是牛人的时候，你会发现，他总是能够基于最终目的思考问题。他专注的是事情的可行性，很少有卡壳的时候，即便有阶段性的低谷期，也能很快走出来。他总是有办法，总是坚韧有力，遇到这样的合作伙伴，你恨不得早一点去上班，甚至爱上上班，因为见到他你就能被点燃。

▶恰当的激励，能让人创造更大的价值◀

每一种物质都符合第一性原理，那么当我们用人的时候，也需要思考人的第一性原理是什么。人首先是一种动物，人的动物性跟其他动物没什么两样，要吃、要喝、要繁衍，有生老病死，符合初生期、成长期、壮年期和衰老期四个阶段的演进规律。我们用的人，往往是处于成长期的末期或壮年期的人。

那么如何把人用好？需要考虑激励，激励要匹配需求，一旦人的需求被满足，则这个人就如同开足马力的跑车一样，能够跑出最大动能。

如果激励没有与需求匹配得当，那么这个人就如同没有浇水、施肥和光照的植物一样，即便种子是好种子，最终也开不出好的花朵来。所以带团队的人，要有园丁思维和精神。

▶优胜劣汰，承受代价◀

很多人都有类似的经验：团队不是选出来的，是剩下来的。你原来看好的人，最终却没能坚守住；而当年不看好的人，却通过了层层考验，最终成了团队的中流砥柱。

事实上，团队既是选出来的，也是剩下来的。

首先，我们通过人才模型进行筛选，把不合适的人去掉。比如，一个做算法的团队，总不能招聘完全不懂算法的人；再比如，一个做市场销售的团队，总不能招的都是不敢跟人谈钱的人。特别工种、特定生意是必须建立人才模型的，招进来的人需要通过人才模型进行筛选。

其次，筛选出来的人，彼此都不能承诺"白头到老"，因为：第一，也许走着走着，人家找到了更合适的发展空间要离开，你不能进行人才垄断；第二，如果人家确实不适合你，你这里也不是养老院或福利院。

所以，你要承受的代价有：可能看走眼；需要请人离开，做恶人；在"人来人往"上所花费的用人成本。但只要控制在正常范围内，这些都是正常的代价，是必须交的学费。

用好人才的三个工具

只有把人引进对了，并且用好了，我们才能真正将第一个基本功里梳理出来的目标顺利落地。人是皮，事儿是毛，皮之不存，毛将焉附？

本书推荐的用好人才的三个工具如下图所示。

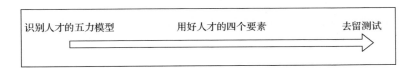

▶识别人才的五力模型◀

事儿都是人干出来的，随着互联网和新经济的崛起，谁能够吸引市场与客户的注意，获得市场与客户的信任，谁就能获得市场的主导权，谁的业绩就能得以增长。

有洞察力、能对市场做出差异化判断，并能够创新、灵活应对各种问题的团队，才能够立于不败之地。

而故步自封、孤芳自赏、不能够系统地分析自己的优势，同时思维局限、行动刻板的团队，市场是不会给其生存机会的。

每个团队都想招募优秀人才，但是大家似乎对于什么是优秀人才缺乏深入的分析。我曾经问过一些创业者："你们对自己要找什么样的人，心里有数吗？"得到的大部分回答是："知道啊，找到行业头部的人、成功过的人、学历高的人。"

如果有这样的认知，难怪会走那么多弯路。成功往往是多个因素共同作用的结果，比如时机、平台、团队等，不一定都是个人的力量。

如果你因为一个人的背景就不去了解这个人的实力，还为此支付一大笔钱，那么难怪空降高管落地难。时机、平台、团队等因素，是难以复刻的。

所以，还是要看这个人的基本素质，如果这个人的基本素质是过关的，那么在任何场景下都不会差到哪里去。

基于这样的大背景，到底什么样的人才是优秀人才呢？我给出一个识别人才的五力模型，如下图所示。

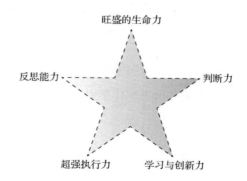

第一，旺盛的生命力

什么叫作旺盛的生命力？有时候我们不得不说，有的人天生就是人才，他天生就对这个世界充满好奇，谁也打不垮他的斗志，他会越挫越勇。

有一本非常畅销的心理学图书叫《少有人走的路：心智成熟的旅程》，书里探讨了心理疾病是如何产生的。有时候人会因为伙伴之间的一次小小的孤立，就开始封闭自我，怀疑人生；有时候人会因为受不了一连串的打击，最终走向极端。但让心理学家很不解的是，有人度过了非常凄惨的童年，成长路上全是绊脚石，但是他依然乐呵呵地成长为一个健全的人。心理学家不知道其中的差别在哪里，最后只能说是上帝的恩典。

不管我们信不信上帝，但确实也能看到人和人之间的巨大差异，这也许源自遗传基因，或者人的心智模式等。总之，有旺盛生命力的人很少抱怨，或者能够克制自己抱怨，他们总是能积极主动地面对人生，能够时刻提醒自己——主动权在我。

虽然我们不知道这种差异到底是如何产生的，但我们在招募团队成员的时候，可以选择生命力旺盛的人。

一个生命力旺盛的人，最大的特点就是积极主动。

积极主动，是一个人高度成熟的最明显表现。他不会装作受害者，想通过受害者姿态来获取更多的资源和机会。如果一个人总是以受害者姿态出现，通过打压和否定别人来彰显自己的成功，那么他绝对是团队毒瘤，应该赶紧和他"分手"。

能够做到积极主动的人，也许是因为一次偶然的机会让他体会到了积极主动的好处，从此以后进入正循环——积极主动，就能掌控自己的命运。被动的人在一开始就被按住了自我生长的苗头，他们对于走出来的恐惧感更强，他们在成长过程中体会到的是被动与听话的好处。所以，我们识别人才时，需要多了解人才的成长经历，看看他是否有多次从困难里走出来的经历，这些都是他人生的宝贵财富。

积极主动的人，都有透彻的人生观。

积极主动的人知道时间与精力的宝贵，抱怨解决不了问题，必须珍惜时间，要在有限的时间里做出一些成绩来。在识别人才的时候，我们可以问问：他对于人生的看法；他认为自己还有多少时间，准备做出什么样的成绩；为了达到这样的成果，他的能力是否足以支撑，他愿意为达成目标承受什么样的代价。

积极主动的人，口头禅是"我还可以做什么"。

积极主动的人总是在想我能做什么，能做出什么样的改变。对于工作与生活，他们有掌控感，其思维是无限游戏思维。而消极被动的人总是觉得掌控权不在自己手上，问题都是别人造成的，资源是匮乏的，其思维是有限游戏思维。

对于积极主动的人而言，无能为力的事情不是他们关注的。积极主动的人和消极被动的人的区别如下图所示。

积极主动的人　　　　　　　消极被动的人

我可以做什么
我可以获得什么资源

我无能为力
资源不在我手上

▶▶案例◀◀

　　字节跳动的创始人张一鸣可以说是一个生命力非常旺盛的人。早年，他曾经发了一条微信朋友圈："我最想吃的食物是《七龙珠》里的仙豆，食用后力大无穷且七天不用吃饭睡觉。"

第二，判断力

什么叫作有判断力？就是一个人总能够在错综复杂的局面中抓住关键问题，从而做好资源配置，推动事情往前走。拥有判断力，是一个人有脑子的开始。如果没有判断力，光有旺盛的生命力，就特别容易一直低水平重复。

如果不努力没成果，你好歹能接受现实，因为你自己也清楚，就是输在了"懒"字上；但如果努力了还没成果，就是一种摧残。

▶▶案例◀◀

> 三国时东吴的霸主孙权，特别重视人才周瑜，周瑜的确很牛，年少有为，能在绝境中找到生路，化腐朽为神奇。很多人都在绝境中消亡，只有有判断力的人，才能在绝境中找到生存的机会，从而绝处逢生。

什么样的人是有判断力的？这里我讲一讲我的实践经验和我所观察到的情况，有判断力的人一般都能做到三点，如下图所示。

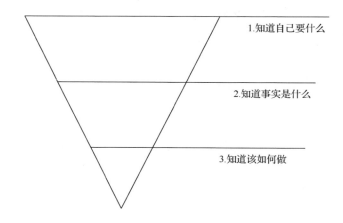

1. 知道自己要什么

判断，首先源于判断自身，你的世界观、人生观、价值观是什么？

如果没有机缘，很多人一辈子都无法得到启蒙，只是跟着惯性走，遇到了痛苦就回避，而不去思考深度的人生课题。

对于我关心的朋友，我一定会问的问题是："你打算活到多少岁？你打算什么时候退休，你还有多长的工作时间？"我们对于时间有了概念之后，就会有紧迫感，就会意识到每个人的时间都是有限的。

大脑有一个特点：当它知道时间有限时，就会集中注意力去做判断。

有了这个紧迫感，基于第一个基本功的关键问题推导，有助于我们搭建人生框架，从而让我们清楚地知道自己要什么。

第一，在你的葬礼上，用一句话来评价你的一生，格式为：这个人在_____领域做出了卓越的贡献，他是一个_____的人。

第二，什么事情让你激动，对于别人来说非常困难，但对你来说却毫不费力？

第三，什么事情即便最后失败了，你也不后悔，依然觉得值得？

一个人越知道自己想要什么，他的发挥就会越稳定，他的未来就越可预期，和这样的人合作，莫名其妙崩盘的可能性就会很低。

2. 知道事实是什么

有判断力的人，总是以证据和逻辑来驱动决策。

当我们知道自己的方向之后，到了落地层面，反而要放下自我，因为越自我，越远离事实。

人在做判断的时候，会面临一个巨大的陷阱，就是在情绪主导的低层次思考之后做出判断，然后去挑选能够证明自己的证据，从而陷入自证的怪圈。

我们应该始终提醒自己，要在宏观的框架下做决策。我们只有了解外界在发生什么，才能真正知道风险和机遇在哪里，切莫陷入细节中不能自拔。

我们需要大量搜集市场、竞争对手、客户的信息并进行分析。只有足够了解，才能做出有效判断。

▶▶**案例**◀◀

> 7-Eleven 的创始人铃木敏文说，为了不做出错误的判断，总是能够得到灵感和创意，他平时会坚持把自己"置身于信息中"，例如回到家就打开电视，坐车就收听广播。在每天开车上下班的途中，他总会打开收音机，听一听最近又在流

行什么，或者有什么有趣的新闻，从中捕捉有效信息，他自己分析认为他的脑子里存在类似"鱼钩"的东西，而这"鱼钩"即指对自身工作始终保持"问题意识"。

人类有两种决策方式，一种使用以证据和逻辑为基础的高层次的大脑；另一种使用以潜意识和情绪为基础的动物脑。荣格曾说过，除非你意识到你的潜意识，否则潜意识将主导你的人生，而你将其称为命运。

集体的判断应该由证据和逻辑来支撑，否则就会由强权者主导，而非聪明人主导，这样既不公平也不高效。不要总是讨论例外，而是总去关注常规，跟着大的趋势走一定不会错。

3. 知道该如何做

有判断力的人，总是能够分层次地思考问题，从中找到自己的位置，然后决定如何做，进而采取行动。

这里要着重强调一个知识点，即所有的事情都是分层次的，发生冲突和争吵的原因，常常在于大家站在不同层次进行对话，做不到相互理解，进而在观点和行动上产生分歧。

▶▶案例◀◀

两个人因为"这家公司到底好不好"而争吵了起来。A认为这家公司的收入很高，怎么就不好了呢？B认为，收入高又怎么样？今年高，明年还会高吗？会不会是数据造假？创始人的人品怎么样？产品领先情况怎么样？客户增长情况怎么样？员工积极性怎么样？舆论评价怎么样？

　　其实谁都没有错，只是看问题的层次不一样。如果 B 是做投资工作的，他评价一家公司就需要更系统、更综合。如果 A 只是想找一份为期 3 个月的保洁工作，这家公司能给翻倍的薪水，对他而言这家公司自然就是好公司。

　　所以，有判断力的人在采取行动之前会听取大家的意见，从而帮助自己判断自身在这件事中处于什么位置，但不会受别人的影响，不会让别人替自己做决策。最终如何做还是需要自己做决定。

　　在做出"如何做"这个决定上，有判断力的人也是分解事物层次的高手，能够将一件看似伟大和复杂的事情，分解为马上就可以去做的简单事情。比如：

　　第一层，我想成为优秀的企业顾问。

　　第二层，目标客户都信赖我。

　　第三层，目标客户能够系统地了解我。

　　第四层，我要出一本书。

　　第五层，5 月 30 日截稿。

　　第六层，3 月 30 日写完大框架。

第七层，今天写够 3000 字。

有判断力的人还知道最好的选择是好处多于坏处的选择，而不是毫无坏处的选择。我们不能因为一个选择带来的一点问题而否定全盘，这样会得不偿失。

第三，学习与创新力

有一个朋友曾问我："最终为我们买单的是客户，我们也只能做自己，为什么我们还要学习竞争对手呢？竞争对手擅长的我们也做不到啊！"

我的回答是："对于竞争对手的研究，其实在策略层面和信心层面能够为我们补充很多知识点——原来事情还可以这么干！从而让自己的思路更开阔。"

我们不仅要学习竞争对手，还需要学习经典，从中找到我们所做的事情的本质到底是什么。去跟值得相信的人学习，了解行业最本质、最前沿的知识。

其实也就是让我们具备宏观视角，当对于宏观环境有了框架感之后，我们对风险与机遇的敏感度就会增强，也会更懂我们自身的优势在哪里，以及如何放大自身的优势。

很多优秀的人都是对学习如饥似渴的人。他们会拼命地消化信息与知识，从而形成自己的判断。想要了解一个人是否足够优秀，就看他的学习习惯，比如他有没有不断学习新的东西、有没有不断将所学转化为实践。

当然，不是说爱阅读就是牛人，真正的牛人会将学到的东西转化到自己的身上，如下图所示。我认为如果不能在自己身上下功夫，让自己有所改变，学习和看书都是玩物丧志。

学习与创新力

▶▶案例◀◀

> 有投资人评价美团创始人王兴爱看书、善于自我学习，这是他能够快速成长并带领美团快速发展的原因之一。业内也在流传，当初王兴为了看书，自己专门去买了三部 Kindle。

第四，超强执行力

优秀人才都有超强执行力。每天看着忙忙碌碌的，但是毫无成果，这不叫有执行力，叫莽撞。真正有执行力的人，都有一套从目标到策略，到任务，再到行动的落地逻辑，且为了达成目标，可以做到自律和投入。

所以我们鉴别一个人是否有执行力时，就看他如何理解一件事的落地层次，他如何理解一件事从设想到落地的流程。另外就看他对于时间的理解和运用，对于时间没有概念的人，很难产生紧迫感，是很难拥有强执行力的。

超强执行力的两个源头如下图所示。

▶▶案例◀◀

　　某位将公司做到数十亿规模的企业老板的特点就是执行力非常强。早年跟着他的团队成员，回忆起一件有趣的往事。当年团队某员工入职公司后，几个月都没有出成绩，因为是异地办公，所以公司也管不到他。突然有一天，他接到老板的电话，老板说，已经这么久没有出成绩了，是时候做个了断了。

　　这个员工还想争取一下，请求老板再给他一段时间做出成绩。老板决定再给他一次机会。从此以后，他每天都会收到老板的信息：你还剩多少天，你还差多少业绩。就这样，老板一天一天地生生把这个员工逼成了优秀员工。

> 而现在，这个老板成为了一个成功的老板；这个员工也成为了公司的栋梁之材。
>
> 当我们看到一个成功人士，我们会学他的举手投足，学他的风范，但其实这已经是最后的成果了，真正成功的"因"在于他当年一个个小的成功判断和一次次全力的执行。

第五，反思能力

优秀人才都有反思能力。这是跟旺盛的生命力——积极主动的特质相关联的。

当一件事没有达到预期时，责怪别人一点意义都没有。甩锅是一种迷惑性行为，迷惑的是谁呢？自己。因为群众的眼睛是雪亮的，你骗不了别人，只能哄骗自己。说说别人的问题，从而让自己内心好过点，用来掩盖自己是"loser"的事实，掩盖自己判断失误的事实。

每一次愤怒和咆哮都是自己无能的体现，期待将怒火转移到别人身上，从而将自己择得干干净净。可骗自己最大的问题就是会导致自己不再有成长的动力。

成功的人总是在思考：如何发展？机遇在哪里？当前是什么挡住了路？一开始哪里没有想清楚？中间的资源哪里配错了，为什么会配错？执行上和节奏上哪里出了问题，为什么会出问题？进而找到解决方案，在犯错中不断成长，并为下一次积累经验。

▶▶案例◀◀

查理·芒格曾说，宁愿跟智商 130 却只认为自己智商 125 的人合作，而不愿意跟智商 180 却自认为智商 200 的人合作，因为后者会害死你。

这不是态度问题，而是态度所带来的解题思路的问题，不同的思路会带来不同的结果。

▶用好人才的四个要素◀

用好人才其实就是要满足他们的需求。什么需求呢？来看看斯蒂芬·柯维梳理的"完人模型"，如果我们能够按照这个"完人模型"去用人才，会有非常直观的效果。

▶▶案例◀◀

斯蒂芬·柯维曾说，我们生活中的每个角色都有四个基本层面，包括身体及物质层面（它要求或创造资源）、精神层面（它紧密联系使命和原则）、社会层面（它涉及与其他人的人际关系）、心智层面（它要求学习和成长）。

"完人模型"认为人的需求有以下四个重点：精神、生存、关爱和成长。当我们把符合五力模型的人才引入之后，就可以按照这个"完人模型"来满足人才的基本需求。

　　这个模型的好处就是它会让你对人性的理解变得非常"简单和清爽"，简而言之，就是如果你能满足人才的这些需求，这些人才就是天使，而如果你不能满足他们的这些需求，他们就有可能萎靡不振，甚至成为魔鬼。

▶▶案例◀◀

> 　　2010 年，张一鸣担任垂直房产搜索引擎九九房的 CEO 后，在接手第一个项目"九九房"项目时，就极其关注人才质量，并对如何吸引人才做出了如下的结论："我总结了（总结不表示我做好了，而是认识到要做好）吸引人才的四个要素，包括短期回报、长期回报、个人成长和精神生活。从左到右，从易到难，其中丰富且不一般的人生体验和精神生活是综合要求最高的，我们要不断反思和追求。"
>
> 　　他的思维体系非常稳定，关于如何吸引人才，6 年后的 2016 年，他又阐述了一次（摘自张一鸣的演讲内容）："人才机制主要包括三个要点。第一是回报，包含短期回报和长期回报；第二是成长，他在这个公司能得到成长；第三是他在这个公司精神生活很愉快，他干起事来觉得有趣。"

第一个要素：给予贡献者满意的薪酬

这是硬性要求，如果你不能给人才足够的回报，他们会计算自己的投入产出比，他们不仅跟同事比，还会跟市场比，如果他们觉得回报不符合他们的价值，就会思考自己的投入值不值得。优秀的人都是精明的人，基于价值谈价格是第一步。而且，当他们的身价涨了之后，公司应该及时了解并跟进，而不是占他们的便宜。

华为的做法是始终让人才关注如何创造增量，并且按照以客户为中心的核心思想，对人才提出明确的发展要求，来帮助企业增长、增效和增值。在保证公司不亏本的情况下，华为拿出销售额的18%作为公司的薪酬包。也就是说，员工做得越好，拿得就越多；员工如果做不出增量，公司也没有办法分到更多钱。这就做到了规则透明，并且员工和公司双赢。

奈飞的做法是直接给出高出行业水平的薪资，不麻烦创意工作者们去计算期权和奖金，让大家把时间和精力都放在创造上。如果公司的预算不够，就开除不合格的员工，这样既能把经费节约出来，还能够减轻管理的压力。

▶▶案例◀◀

据国外网站 Levels.fyi 提供的数据，奈飞之所以能在整个硅谷拥有巨大的影响力，归根结底还是在于它令人垂涎的待遇。奈飞的工程师平均年薪约为 454000 美元，相当于脸谱（Meta）E5~E6或者谷歌L5~L6职级的工程师的平均年薪（这还是加上股票和奖金后的数目），在全球工程师平均年薪榜上遥遥领先。

华为和奈飞的做法，跟行业情况、社会情况及创始人个性相关，我们可以根据自身情况进行选择，但总原则就一条：人才，更需要金钱的刺激。

里德（奈飞CEO）认为，从长远来看，在高绩效的环境里，支付市场最高工资其实最能节约成本。为了能够年复一年地吸引和留住市场上最优秀的人才，开出的工资最好比市场最高工资略微高一点。在员工开口要求涨工资之前，在员工开始找其他工作之前，主动把工资涨上去。对于公司而言，损失了人才再重新招聘将是更大的损失，还不如一开始就把员工的工资开高一点。

任正非认为只要钱给够了，不是人才也是人才。在分钱的时候，一定要以发展和增量为导向，激励的价值不仅仅是论功行赏，更重要的是让员工还有意愿和能力继续往前走。

▶▶案例◀◀

本书第三个基本功中介绍的 OKR 共创会，就是团结团队，共商如何做好价值创造、做大蛋糕非常好的工具。每次

> OKR 共创会之后，中国的公司，无论是老板还是员工，都非常关心达成目标后公司会如何奖励贡献者。

华为和奈飞的方式都非常值得学习，我们可以根据公司的情况结合华为和奈飞的方式制定适合自己的激励机制。总体来讲，就是要构筑利益差，跟同行拉开差距，增强公司对人才的吸引和保有能力；同时，在公司内部，绩优者要和普通员工的收入拉开差距，让团队看到人才可以凭借实力和贡献获得公司的认可。

这样的组织才会充满活力，人才才能真正发挥价值。

第二个要素：给予充分的人际关爱

优秀的人和普通人一样，都需要被看见、被肯定、被鼓励，这将满足他对于良好人际关系的需求。这种关系存在于三个层次，如下图所示。

1. 领导与我的关系

领导能够给予我清晰的指令并关注我的进度，还能在我遇到问题的时候帮助我解决难题，当我能够独当一面的时候他能放手让我发挥，这就是最好的上下级关系了。要达到这种状态，需要领导能够与下属保持频繁的互动。有一种说法，叫作"你的直线下属不要超过7个人"，因为你要用好下属，不只是安排任务而已，你还要关心他，甚至对他的私生活也非常了解，能够在他需要你的任何时候给予建议甚至帮助。

好的领导应该是一个强大的教练。这里不得不提到美国的万亿美元教练比尔·坎贝尔，他被乔布斯信任，被比尔·盖茨信任，谷歌前CEO埃里克·施密特甚至说"没有他，就没有今天的谷歌"。而比尔·坎贝尔最重要的理念就是"相对其他，人更重要"，头衔只是让你成为管理者，员工才能让你成为领导者。

所以，在以上三层关系里，与领导的关系是最为重要的。建议领导至少每两周跟自己的直接下属有一次以他为主的对话，了解他最近的心情、生活、成长和工作进度，从而洞察出他需要什么，是鼓励还是严厉的爱。总之，领导要比下属自己更相信他是可以的，并且还可以帮助他做到。

▶▶案例一◀◀

在奈飞，里德特别强调要给团队反馈，正面反馈和负面反馈都需要。他曾说："我每年和公司的每位主管都有30分钟的会面。也就是说，我每年会和比我低三到五个级别的人进行大约250小时的会谈。此外，每个季度，我也会和每位副总裁（比我低两到三个级别）进行1小时的会谈，这又是500小时的时间。"

▶▶ 案例二 ◀◀

有一家公司的高管有勇有谋，目标明确，学习能力很强，输出结果的能力也很强。有一次我与她通话，我问她"最近状态好吗"，她哽咽了一下，我追问是什么让她觉得难受。她说一切都很好，她一直朝着目标努力，也能看到成果，团队也有成就感。过程中有很多挑战，也会有难受和无助的时候，会觉得孤独，但她很难得到上级的反馈，更不要说来自上级的认可和肯定了。最后她无奈地笑了笑说："也许这不是最重要的，我还是关注目标吧。"

作为理性的职场人，她最后能够说服自己，是她的优秀所在。但是从常识来说，作为上级，应该关注下级，而不只是把下级当作工具人。

2. 平级与我的关系

能否高效协作是影响企业目标落地的重要因素，尤其是高层管理者之间的协作。高管们有一点矛盾，到了中基层就会被无数倍放大。为什么有的时候企业里站队问题严重呢？就是因为管理层之间的一点点矛盾，再加上下属的层层加码，就变成了彼此间的"血海深仇"。

▶▶案例◀◀

　　某家公司过了高速发展期，各个管理者当年跟随老板正确的战略都得以充分发挥自己的才能。后来，原有的市场增长空间缩小了，成了存量市场，老板希望通过组织的调整来突破原有业务的边界。

　　但是这个过程中出现了问题：有的高管死守着原有业务不放手，如果老板敢动他的业务，他就会想方设法让新上任的人过得不痛快。随着这样的斗争越来越显性化，公司里出现了两个阵营，一个阵营做新业务，以新业务为阵地，另一个阵营死守老业务，两个阵营互相使绊子，彼此看不上。

　　但是老板既想让新业务的人用上老业务的资源，又想让老业务通过新业务的势能放大影响力，很多事情纠缠在一起，扯不清楚。最后导致业务和团队都举步维艰。

　　如何才能避免这种问题呢？那就是在高层打造坦诚文化。

　　一切为了最终目的，从相互戒备到一团和气，从不做决策、不说真话、不对结果负责到坦诚相待、直面冲突、敢于决策、敢提要求、对结果负责，才能铸就好的平级关系。

　　《团队协作的五大障碍》这本书清晰地讲述了团队协作的五大障碍，以及团队有效协作的五个特征，如下图所示。这本书里也讲到了当协作关系变好后，业绩明显提升的案例。

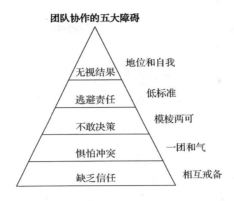

团队协作的五大障碍

无视结果 —— 地位和自我
逃避责任 —— 低标准
不敢决策 —— 模棱两可
惧怕冲突 —— 一团和气
缺乏信任 —— 相互戒备

团队有效协作的五个特征

重视结果 —— 集体利益至上
担负责任 —— 高标准
敢于决策 —— 直击本质
拥抱冲突 —— 解决问题
彼此信任 —— 坦诚相待

　　注：上图中，我将《团队协作的五大障碍》中的"欠缺投入"改为"不敢决策"。

　　完成这个转变不容易，但只有完成了转变，找到正确的突破口，才能够使优秀的人才发挥作用，而不是被复杂的协作关系捆绑住手脚。

如何实践？可以结合本书的第五个基本功"盘根因"中提及的组织复盘环节，来塑造高效的协作关系。

3. 下属与我的关系

一般来说，下属与我的关系是最不困扰人的。因为管理者通常都认为最大的问题来自平级和上级，自己团队的问题不大。但这只是一种主观的感知，也许真正问了下属，你才会知道在他们眼里你也有一堆问题。

在处理下属与我的关系时应该不以问题为导向，而以发展为导向。

最能说明你与下属有良好关系的，就是你培养了很多可以替代自己的人才。如果组织里的大部分肱骨人才都跟你的栽培有关系，甚至你还给其他部门输出人才，那么就说明你真的是一个好的管理者。

同时，因为"桃李满天下"，你的组织归属感也会增强。

第三个要素：给予挑战与成长的机会

优秀的组织应该是一个创业平台。企业的第一顾客是员工，第二顾客才是消费者。

员工用他们的时间和才智换取了公司的资源和机会，他们以这些资源和机会跟市场交互，来获取消费者并为消费者服务，最终得到收入，反馈给公司。同时，员工做事和协作的方式，又构成了企业文化。

这是一条明显的价值供应链，如下图所示。

企业经营价值供应链

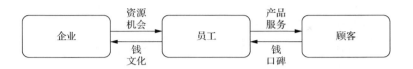

在这个链条里，只要有一方是受损的，这个游戏就会玩不下去。所以在方向一致的情况下，要尽可能地让员工成功，从而让顾客受益，顾客受益企业才能获得成功。在企业经营中，有一个原则是要把毛利做大，为什么呢？因为只有这样才有更多的钱奖励现有的员工，以及吸引更优秀的人加入。毛利不达标的业务不值得做，因为这样很难给员工更多的回报，最终会导致业务运转不灵。

我们接下来要讲的第三个基本功"建共识"、第四个基本功"抓执行"、第五个基本功"盘根因"，都是在帮助团队成功，通过让团队成功，从而让企业成功。

团队一旦成功，他们的生存需求、关爱需求、成长需求和精神需求就会得到满足，他们就会更愿意拼搏，由此形成正循环。

▶▶**案例**◀◀

某公司按照第一条成功曲线的发展规律进入衰败期，大家朝九晚五地上班，但是却没有成长和突破，数年来业绩一直没有增长，大家对未来都感到灰心丧气。

当问到他们期待的状态时，他们通常都会追忆创业期，他们说："当年创业的时候，我们收入不高，压力很大，老板骂人骂得很厉害，总觉得公司马上就要死了。老板时常会带着我们去一个个跑客户，为了见到客户甚至'不择手段'。但是现在回过头来想，很多人都觉得那才是最好的状态。所谓'富贵险中求'，拼搏的状态才是最好的状态。正是在那样一段饱受折磨的岁月里，公司实现了跨越式增长。"

第四个要素：给予充分的精神回报

就像老板会追问自己为什么要创业一样，员工也会追问自己，为什么要在这里打工？回家躺平不香吗？而且现在越来越多的人有条件选择躺平。

人不仅需要物质的回报，也需要精神的回报。一旦精神回报缺乏，凭什么？值得吗？为什么要继续？这几个问题就会涌上心头。

▶▶案例◀◀

有一个年轻人，他在公司里做事非常卖力，所以公司非常愿意给他更大的挑战。挑战越大，磨难越大。所以他无论是身体还是精神，都受到了一定的影响。

作为他的教练，我自然希望他能够提升自己看问题的高度和解决问题的能力，在引导他多出去学习、交流之后，我问他："如果你不能自我调整，公司不再需要你了，怎么办？"

他说："能怎么办？回家收租子去吧。"

最能说服一个人继续奋斗的理由是"我热爱这份事业，我在为我喜欢的人创造价值，我感受到了自己的成长"。

这个理由由谁来给？

第一，是企业所带来的使命感和社会责任感的激发。企业的经营者不能眼里只看到钱，也需要看到社会责任，这不仅是企业长治久安的基础，也是让员工有归属感和安全感的要素。

第二，企业需要有荣誉激励体系。在人还没有达到内在激励状态的时候，要有充分的外部激励刺激他。比如有的企业会设置年度之星、五年陈员工、十年陈员工等，这些都是对员工的激励。

第三，企业需要引导团队向内看，去跟自己要答案。本书中第五个基本功的个人复盘方法论就能够很好地、不断地给出一个人持续奋斗的理由，引导个体把事业当作一场无限游戏。

►去留测试◄

去留测试，是一个来自奈飞的工具。

奈飞的员工去留测试，主要由两个问题组成：

第一，对管理者来说，如果有人打算明天辞职，你会不会劝对方改变主意？

第二，你会接受对方的辞呈，甚至感觉松了一口气吗？

如果第二个问题的答案是肯定的，这名员工就会被辞退。

同时，为了公平起见，员工在和上司进行沟通时可以询问："如果我要辞职，你会花多大力气劝我改变主意？"

回答主要分为三种：

第一种，上司明确会全力挽留，并且十分舍不得，这就说明拿着高薪的员工很安全。

第二种，上司并没有直接回答问题，而是提出了一些关于工作的建议与反馈，这就说明员工在工作中存在一些不足，需要及时调整。

第三种，上司明确自己不会挽留，这意味着员工的绩效水准远没有达到他的心理预期，他对员工缺乏信心。

总体来讲，前两种情况相对乐观，而第三种情况就是公司对员工明确的"警告"。如果在一段时间内，员工无法做出改变，那么他们就会失去这份工作。

当你通过人才的五力模型和用好人才的四个要素将"选人才"和"用人才"都做好之后，还会面对需要请人离开及有人要主动离开的场景。用人才本身就会产生试错成本，比如，我们总说要相信人才，放手让人才去做决策，但如果我们不相信这个人的判断力，搞得自己难受，对方也很难受，这时就可以问自己以下这组问题：

（1）你还认为他是一个优秀的人才吗？

（2）他关注的是公司的成功，还是个人的成功？

（3）你相信他的判断力吗？

（4）和他继续合作，能让公司更好吗？

如果以上四个问题的答案都是否定的，那么就把授权收回来；如果这四个问题的答案是肯定的，那么就让这个人才在市场的浪潮中搏杀吧。只要你们彼此是信任的，那么任何一次行动，要么得到的是成功，要么是教益，而这两者都会使组织变得更好。

有的时候我们不得不说再见，那就勇敢地说再见，这既是一个管理者成熟的标志，也是一个人成熟的标志。

▶▶案例◀◀

　　这是某管理者自述的一个故事。当时他们碰到了一个市场的"大运气"，不知道为什么突然客户量就增多了。这并不是管理者"自身"想要发展的方向，但是种种迹象表明有利可图。于是这位管理者开始扩张团队，准备大干一场。

　　但是好运没能持续三个月，人员数量翻倍的团队开始停止运转，没有活儿干，大家开始争吵，是产品的问题？是市场营销的问题？还是管理效率的问题？

　　只有管理者自己知道，问题的根本是自己并没有想清楚业务的本质到底是什么。那么，当前该做什么呢？这些都是自己一个个招募进来并且认为非常优秀的人才，但是如果事情没有弄清楚，这些人不可能替代自己去把路探出来。因为是刚刚建立起来的团队，大家自然更关注的是自身的成功，又因为信息不足，他们也无法做出战略层面的判断。继续合作，并不会让公司更好，所以，是时候说再见了。

　　于是，他拨通了电话说："我希望你离开。"

行动指南

▶行动一：按照五力模型给你的直属团队做一下评估◀

人才识别五力模型对照	优秀 （5分）	良好 （4分）	一般 （3分）	较差 （2分）	极差 （1分）
旺盛的生命力 · 他有过靠自己触底反弹的经历，越多越好 · 他有很强的时间感知力，知道我们可以浪费的时间不多 · 他的态度积极，对未来的预期客观和乐观					
判断力 · 他知道自己要什么 · 他有了解现实的能力，能够用证据和逻辑做判断 · 他知道如何达成目标，有分解事情和自我定位的能力					

人才识别五力模型对照	优秀 （5分）	良好 （4分）	一般 （3分）	较差 （2分）	极差 （1分）
学习与创新力 • 他有学习的习惯，能够向市场和竞争对手学习，向书本学习 • 他能够将学习到的东西内化成自己的东西，且有过多次这样的成功经验 • 他有过打破惯性、做出差异化竞争策略的经历，越多越好					
超强执行力 • 他有将复杂事情按照逻辑拆解为简单执行环节的能力 • 他有时间紧迫感，并且自律					
反思能力 • 他看问题以发展和机会为导向，而非以困境为导向 • 他更关注自己能够掌控的部分，而非外界因素					

对于创造性岗位而非操作性岗位，如果评分低于 15 分，成长性有待提高；如果评分高于 20 分，综合考虑他的背景和经验，他可能是不可多得的人才，任何情况下他应该都可以化解危机。

▶行动二：按照用好人才的四个要素给自己评分◀

用好人才四要素+1 对照	优秀（5 分）	良好（4 分）	一般（3 分）	较差（2 分）	极差（1 分）
给予贡献者满意的薪酬					
给予充分的人际关爱					
给予挑战与成长的机会					
给予充分的精神回报					
加一题（1 对照）：能够勇敢地说再见					

如果你的总分数低于 15 分，那么在用好人才这个基本功上，你还有很大的进步空间，要好好继续学习下面的三个基本功，打造好你的基本盘；如果你的总分数高于 20 分，你是一个不错的管理者，你有很好的框架思维能力和执行力，用好上面的两个基本功，继续学习并用好接下来的三个基本功，会让你如虎添翼。

III

第三个基本功：
建共识

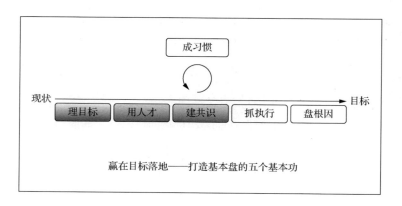

成习惯

现状 ——————————————————→ 目标

| 理目标 | 用人才 | 建共识 | 抓执行 | 盘根因 |

赢在目标落地——打造基本盘的五个基本功

第一个基本功和第二个基本功是顶层建设，要把事和人都码齐。那么到了第三个基本功，就进入实质性的作战环节了。

事情是干出来的，有了好的顶层建设，事情也不一定就能成。

▶▶案例◀◀

> 张一鸣说过："战略很重要，但是团队也相当重要，我自己有切身体会。酷讯和去哪儿竞争，虽然方向很清楚，但是差距却越来越大。"
>
> 曹操和袁绍的对战，曹操团队很牛，袁绍的团队也是明星璀璨，《三国志》里这么评价袁绍："外宽内忌，好谋无断，有才而不能用，闻善而不能纳。"最终袁绍还是输给了曹操。

难以对话的团队

我曾经多次看到下面这样的场景。

1. 难以对话的上下级和平级们

老板说着自己的想法，大家茫然地听着或者走神，做着自己的小动作。内心的想法是："你说的那些，我都做过了，一点用都没有。你都不在业务一线，你根本不懂业务了，你不知道我们有多难。"

当团队在说自己的想法时，老板茫然地在听，也在走神。内心的想法是："这些人天天都在想什么？总是关注一些没有价值的事情，重要的事情不想不做。又不能说他们，以后干脆不要开会了，这样的对话毫无意义。"

另外，同事之间的对话也非常低效，大家都一门心思只想完成自己的目标，认为自己最大的阻碍就是协同部门不给力。销售团队怪产品团队不给力，产品团队觉得销售团队不尽力，前端团队觉得后端团队磨洋工，后端团队觉得前端团队"傻大黑粗"，不懂专业。只要对方一开口，内心的想法就是："又来了。"

所以很多公司是不开会的，因为大家通过历史经验发现，开会毫无意义，各方都对不上话。

▶▶**案例**◀◀

> 某董事长看着没有增长迹象的业务非常着急，他认为最大的问题不是业务问题，而是团队老化问题，这帮人已经没什么想法了。
>
> 于是董事长抽空参加了公司的经营会，对市场工作和销售工作提了很多建议。很多建议都讲到了执行的细节，并且讲到了他会补充哪些资源来帮助大家。如果是外人听，会觉得这真的很有前景，赶紧干起来吧。

但是等到董事长走了之后，大家说，董事长说的都是啥啊，这些都是我们以前做过的，而且现在的问题根本就不是他说的那些。

一场长达 60 分钟的演讲宣告失败了，而且董事长还不知道为什么他讲了无效内容。

2. 博弈和强压的任务安排方式

如果无法对话，那么互相之间怎么安排任务和协同呢？老板采取强压法，老板定了数字，大家必须认领。毕竟公司总是要发展的，总不能因为对话不了，就不定任务了吧？

任务分派下去之后，大家只是被迫表示服从，实际执行的时候，因为对于目标的理解是不到位的，遇到问题时，必然会更加怀疑目标的合理性，这非常不利于业务的发展。上级也能感受到大家的这种情绪反弹，但是却没有好的解决办法。

在这样的情况下，平级部门遇到问题要怎么协同呢？最典型的是"找老板告状"。

▶▶案例◀◀

某公司正在高速发展，大家都"跑"得非常累且问题重重，比如管理层的成长速度慢，客户端"出现"问题的频率高，部门之间协作难等。

但最让大家苦恼的问题是，这些问题如果不能上告到老板那里就无法得到解决。所以老板变成了最忙的人，人人都需要他，各部门和个体之间无法自行解决问题。

而老板的解决方式是什么呢？要么是和稀泥，两边各退让几步；要么是强压，不管认不认同，必须接受安排。即便如此，大家也认为总比没有人做决策要强。

3. 缺乏经过系统思考的落地路径

目标既定，团队也已经整装待发，接下来就是排兵布阵，确定岗位职责并明确分工的时候了。而这一步也是很多企业执行得非常不好的地方。

▶▶案例◀◀

有一位创业者认为，岗位职责过于清晰的模式不适合小的创业公司，因为创业公司需要灵活应变，人人都是全能选手，哪里不行补哪里。这种游击队思维和打法也许在一开始是奏效的，但是一旦队伍扩张至哪怕 10 人以上，当业务的专业壁垒树起来之后，你就会发现：有的人忙死，因为哪里都需要他；有的人闲死，因为不知道该做什么。最终造成增员不增效的局面。

为什么一定要明确岗位的定位、职责和分工呢？因为每个人都需要明确自己的能力圈和影响圈，有了自己的大本营，才会有弹药库和安全感；同时，当别人需要他的时候，他也能明确知道对方的位置在哪里，以及清楚地知道如果自己帮助了对方，对方将来会在什么位置帮助自己。如此才能有进攻也有防守。

本位主义的问题，不是靠模糊身份和定位就能解决的，需要靠文化和机制补充，以打造活水组织。

没有清晰的职责和分工，没有明确的验证成果的指标，大家只能按照自己的理解去思考。结果人人都走羊肠小道，互相之间不仅不能形成合力，还会互相拉扯。公司每年年初定一个目标，然后用一年时间证明自己不行。

成功的团队，没有失败的个人——建共识的三个指导思想

建共识这个环节，是五个基本功中浓墨重彩的一笔。前两步是顶层建设——方向和人，第三步就像把原材料放进了高压锅，我们要开始烹饪美食了。

大家都知道，即便是很好的食材，如果厨师的技艺不佳，也

可能会变宝为废；如果原材料一般，但是厨师有化腐朽为神奇的能力，也可能变废为宝。

我把建共识的整个流程分为三个阶段：准备、进行、收尾。

准备阶段做什么呢？主要包括两个方向：第一，与决策层对所需达到的目标达成共识；第二，了解决策层每个个体深层次想要解决的问题。

进行阶段做什么呢？建立一个场域，让每个角色都有机会在这个场域里充分表达自己，也能够了解别人的意图，进而进行创意择优。

收尾阶段做什么呢？做潜能激发，将公司级的目标下沉到团队，将团队目标下沉到个体。这个分解不能只是简单的分割，我们需要了解个体的深层次动机，只有当个体目标和集体目标深度吻合时，这支团队的爆发力才会真正被激活。

如何走好这三个阶段，烹饪出一道绝世美味呢？以下三个指导思想非常重要。

▶追求整体最优为至高目标◀

我们常说延迟满足感，一个人是否能够延迟满足感，其中一个很重要的因素就是他的利益站位是什么。比如，在一个集体里，他的利益站位是个人利益最大化，那么他的所有决策都将围绕自身利益展开，弃公司利益于不顾，他会尽可能为自己攫取资源而不顾集体的未来，他就很难延迟满足感。这样的人，会成为组织发展中的肿瘤，必须及时予以切除。

如果一个团队里大多数人的利益站位是部门或者事业部，而不管公司，那么公司内就会出现恶劣的斗争，部门间协作会非常差，最终导致公司的整体竞争力下降。

一个人的力量、一小撮人的力量是有限的，放在大的时代洪流中微不足道。对于普通人而言，抱团取暖、形成一个强有力的整体，是我们实现升级迭代性价比较高的方式。

只有当大家意识到集体利益最大化才能使大家的利益最大化，这个游戏才能够持续玩下去。大家都希望集体好，集体持续有竞争力，那么大家的活动空间就大，资源也会足够丰富，能够产生的社会影响力就越大，创造的价值也就越多。

成功的集体，没有失败的个人；而失败的集体，是在浪费每个人的时间和名誉。所以我们必须将集体建设好，这样才能使自身利益最大化。

▶▶案例◀◀

非洲狮子非常凶猛，但是它们依然选择群体作战的方式，主要有三个原因。

第一，它们的狩猎对象非常庞大。比如非洲水牛，体重远比非洲狮子重，头部有非常有攻击力的角，且是群居动物，如果一头狮子去捕猎水牛，那么它不仅不是水牛的对手，还可能殒命。

第二，竞争对手的骚扰。在非洲草原上，还有鬣狗这样的群体食物抢夺者，如果狮子单独行动，就可能会被鬣狗抢夺食物，甚至狮子本身也会被鬣狗杀害。鬣狗虽然不擅长锁喉，但是擅长掏肛，狮子如果被鬣狗掏肛，即便不会马上死亡，也会因为感染慢慢死去。

第三，同类之间的竞争。狮子群都想抢占水草肥美的地盘，如果狮子们不能群体作战，遇到了其他狮群，就只会被打跑，甚至幼狮也会被杀害。

所以即便强大如狮子，也会选择群体作战，集体利益至上。

▶ 良好的协作关系是成功的基础 ◀

良好的协作关系是成功的基础。这个指导思想不是什么金玉良言，也不是规劝大家发善心去义务帮助同事，这可以说是一个真理。

既然我们追求整体最优，那么我们就必须协作起来，做到力

出一孔。组织里的每一个单元，都是因果链路中的一个环节，如
下图所示。

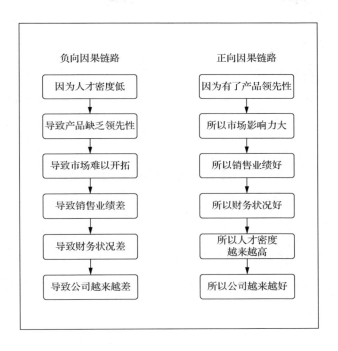

举个例子，当产品部门不能跟销售部门很好地协作，不能换
位思考，不能以市场为导向的时候，产品部门就容易闭门造车，
再努力也白费，也不可能成功。

当销售部门不能跟产品部门换位思考，不能理解产品的研发
周期的时候，就可能急功近利，以想当然的方式做事，把产品部
门逼成"一锅粥"。

当人力、财务、客服部门得不到大家尊重的时候，他们一开始的热血就会慢慢消耗殆尽，最终他们会变得得过且过，成为真正的工具人。

在一个组织里，不是他好、你不好，你好、他不好的关系。而是他不好会连累你，你不好也会连累大家的关系。所以，从一开始，我们追求的就是，围绕同一个目标，大家建立相关联的任务链路。

▶每个人都有成就自我和集体的动机◀

每个人都有成就动机，关键看你是否会挖掘和倾听。

有的人就是想赢，他享受那种赢的感觉；有的人忧虑未来，所以他的成就动机在于当前必须打下基础，避免未来无路可走；有的人单纯很想干点事儿，不想浪费时间，没有太多的胜负欲；有的人，就是想突破自己；还有的人，就是想推动大家一起发展。

如果你不去了解人的底层动机，那么就容易妖魔化人的外在表现，尤其是当他的表现不符合你的预期的时候。德鲁克说："管理的本质是激发人的善意。"我们要相信，只要引导得当，这份善意是可以被激发出来的。

当我们把更大的整体的价值梳理清楚后，人们就会了解，如果他想实现自我价值，最佳的方式就是参与到集体的建设中去。

有了这份认同感，人们会阶段性地舍弃自我的小利益，而去保全组织的大利益。

人生的两种最佳活法如下图所示。

我们要了解的事实是，如果领导层对组织成员的成就动机不加以引导并提供有效的工具和方法，组织内的人是很难就共同目标展开有效协作的。虽然我们都知道，从长远来看，协作肯定有利于每一个人，但从当下来看，人类的下意识反应是"杀死对方，对我来说比较有利"。

有了以上三个指导思想护航，接下来就是工具了。

建共识的四个工具

建共识的四个工具是一个整体，通过这四个工具，最终我们能在更开放坦诚的基础上，做出更实事求是的决策。

你也可以这么理解，建共识也是在讲科学决策。第一个基本功是深度思考，是在为决策做高浓度的信息准备。

到了第三个基本功，就到了程序正义的决策诞生的过程了，如下图所示。

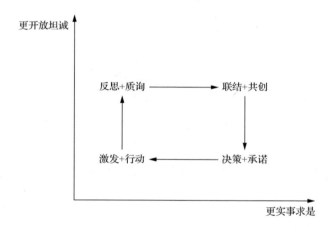

▶第一个工具：反思+质询会◀

共识有四个层面：共识现状、共识问题、共识想法、共识举措。反思+质询会，就是共识现状和共识问题。

它能起到四个作用：洞察问题、分享经验、洞察机会、补齐认知盲区。

能让一个组织把问题说出来，是需要下功夫的。因为人是自保驱动的，都想远离不好的事情。

那么我们应当如何逆向做功呢？

第一，在开场的时候，要强调整体利益至上。暴露问题都是为了公司、组织更好地发展，谁暴露的问题更真实、更充分，谁就应该成为组织内的标杆。

第二，领导带头公开反思。共同理解从来不来自自上而下的宣传，无论你怎么说，大家都会以自己的站位去理解。那么应对方式就是让领导首先自揭其短：在上一个周期的目标中，自己失察的地方。人有天生无法磨灭的模仿、学习的动机。如果领导可以犯错，那么大家都可以犯错；领导可以说出来，那么大家都可以说出来；领导可以改正，大家都可以改正。

组织内的问题分为以下四个层次：

- 第一个层次，未被暴露的问题，对于组织的伤害最大；
- 第二个层次，暴露出来，但不能被解决的问题，会非常伤害组织的士气；
- 第三个层次，暴露出来，且有了解决方案的问题，会让组织成员感到安心；
- 第四个层次，暴露出来，有了解决方案，并且拿到了结果的问题，会让组织的士气大涨。

在这个阶段，我们要尽可能多地暴露问题，避免下次死在同一个地方。问题被充分暴露之后，有的问题马上就可以制定解决方案；有的问题因为过于复杂，可以约好专题会时间，予以专项解决。

组织的公开反思是团队学习的过程，如何验证反思会开得有没有效？可以从以下四个维度予以验证：

- 我们当初相信的东西是否让组织变得更好了？

- 我们是否提炼出了新的知识？

- 知识有没有得到大家的共享？

- 我们是否始终在谈论如何让整体变好？

反思环节之后，就是质询环节。质询的意图是建立共同的理解。领导先对整体方向，以及我们所洞察到的机会点，也就是我们第一个基本功所梳理出来的东西进行解读。

然后，请团队自下而上进行提问。这时候，让大家畅所欲言的好办法就是分组讨论，组员将对于新方向的疑惑用文字列表的形式提交。这样就可以免去大家害怕当众对领导提问的尴尬。

质询环节的好处是领导会发现他反复推演的方向，一旦落到了执行层的视角，可能会有很多薄弱项。通过这些提问，可以补充领导思考的维度。而当领导认真回答下属问题的时候，领导的思想也可以通过这个问题传达到下属的心智里，进而建立共同的理解。

问题，是思想传递的桥梁。

做好这个环节的关键词，就是要碰撞。"讨论"一词的词根是"撞击"（percussion）和"震荡"（concussion），实际就是来回抛出既成想法，就像一场比赛一样。

为了让这场比赛有成效，需要有如下图所示的四个元素。

激发人的场域	提供营养价值的人	领悟点	全新的认知

激发人的场域： 人们可以为了共同的愿景，而说出自己内心的真实想法、顾虑和担忧。

提供营养价值的人： 有人说真话，有人能为真话鼓掌，这两种人都是在滋养现场和组织。

领悟点： 听众以及被质询的人，听到了有价值但不同于自身观点的声音，让改变得以发生。

全新的认知： 有人开始以不同的视角，来看待以前陷入死局的问题，并且获得了新的生机。

▶▶**案例**◀◀

有一次，我给一家公司开了两天的共创会，会后我问老板的收获，他说，最有价值的就是大家对他的提问环节也就是质询环节，因为这引发了他自己的思考。而团队认为最有价值的部分，就是老板带头做反思的环节，因为员工从未见到过老板如此平易近人和真实。

▶ 第二个工具：共创会+集体 OKR ◀

当有效信息充分展示之后，接下来就是共创会了，共创会存在的意义是共识想法，大家先发散后收敛，为最后的决策输入有价值的信息。

行之有效的做法就是请大家分组讨论，先由每个人都讲一讲，如果他是公司的 CEO，他会为公司全年定什么样的 OKR，组内合并同类项，然后在组与组之间进行"PK"。

这里补充一下关于 OKR 的知识。

OKR（Objectives and Key Results）即目标与关键成果法，是一套明确和跟踪目标及其完成情况的管理工具和方法，由英特尔公司创始人安迪·葛洛夫（Andy Grove）发明。

2014 年，OKR 传入中国。2015 年后，百度、华为、字节跳动等企业都开始使用和推广 OKR。OKR 的主要价值是明确公司和团队的目标。以及明确每个目标达成的可衡量的关键结果。它被定义为"一个重要的思考框架与不断发展的学科，旨在确保员工共同工作，并集中精力做出可衡量的贡献。"

集体 OKR 可以在整个组织中共享，这样团队就可以明确自己在整个组织中的目标，协调和集中精力打一场必胜的战役。

OKR 有四重功效，如下图所示。

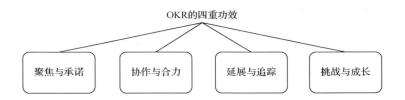

如何解读这四重功效呢？

第一，聚焦与承诺。很多 OKR 的工具书说，OKR 中 O 不要超过 5 个，每个 O 不要超过 5 个 KR，要聚焦。从实践经验来看，如果有 3~5 个 O，每个 O 有 3~5 个 KR，你一定搞不懂公司最重要的事情是什么。庞杂的任务系统，分解到各个部门，再到各个人，每个人的任务系统都会很庞杂，这时就会导致你的 OKR系统失灵。

所以团队在制定 OKR 的时候，围绕一件大事来制定 OKR 是更明智的选择。聚焦的好处是减少解释成本，公司要什么，每个部门应该产出什么，会非常清晰。

每一个目标只有一个 O 来做承诺，这一个 O 会派生出很多要做的事情，延展出很多策略，但最后也需要收敛，形成三大最核心的关键结果（KR），再聚焦执行策略。

凡是这么做的，都会有成效；凡是不这么做的，执行起来就会分心。为什么要这么做呢？这里遵循的是"二八原则"，将80%的精力放在 20%最能有产出的关键事项上，最终拿到 100%的成果。

做成一件事和做一件事不同。做一件事就是做做就好，不需要对结果负责；而做成一件事，需要大量的精力和学习，有些事情必须突破阈值，击穿困境才能带来理想中的效果。所以必须聚焦。

▶▶案例◀◀

混沌大学创始人李善友曾说，我们绝大多数人是怎么做事情的呢？就是拼命地多做事，我们以为多做事就能"天道酬勤"。于是你的一生都被时间催促着，要更多、更快、更强。我们的人生就像一个胡萝卜挂在一头驴的前面一样，我们以为自己跑得足够快，就能吃到那个胡萝卜，但是你跑得越快，胡萝卜也会越快地往前移动。

所谓的单点击穿是什么概念呢？绝对不要被时间线困住，要垂直向下找一个点，90°垂直击穿。我只追求一件事，我把我所有的力量，垂直用在这件事上，击穿阈值。任何一个小点被垂直击穿之后，这个小点会神奇地变大，这就是单点击穿的秘密。

第二，**协作与合力。**团队只有一件大事，就是把"为谁创造什么价值"做好。一个团队中不同人的目标客户大概率是一致的，除非有新业务要孵化，要不怎么叫一个团队呢？所有人的目标，都要围绕集体的最重要的目标展开。

OKR 的好处就是将公司级的工作重点、各部门的工作重点、每个人的工作重点呈现出来。这样大家也能掌握自己在整体里的位置，知道自己跟整体的关系，更好地形成合力。一旦有节点运转受阻，那么整个系统就会报警，我们可以尽快化解危机。

第三，**延展与追踪。**通过 OKR 体系制定出来的目标，自带一套追踪体系，这套追踪系统会打破以往"年初定目标，年底看结果"方式的弊端，尽可能做到过程透明、实时跟踪、灵活应变。

第四，**挑战与成长。**用 OKR 定目标不需要老板强压一个高目标，而是基于自我成长需求和大家共同的追求定目标，大家发自内心地想我们怎么样可以更好，以及市面上还有什么样的机会，共同制定出跳一跳就能够得到的目标，然后再靠后面的追踪流程帮助大家实现目标。

制定目标的过程是先共识整体目标，集体在制定整体目标的时候，要遵循第一个基本功的要求，要符合高质量目标的五个要素。

这个过程实际上是在做深度会谈，依靠集体智慧去生发集体智慧，从而产生真正的共同思考和共同行动。一个人的成长速度往往是慢的，但如果能够汇集多人的力量，组织的一小步，就是个人的一大步。

在这个过程中，公司的业务从决策层的顶层架构的思考流淌到整个公司的各个角落，并在流淌传递的过程中得以修正。通过这种集体学习，可激发集体热望，通过开展反思性交流，可帮助集体理解复杂事物。

集体目标制定的方法论，无论是对于高层还是中层都是适用的，只要是超过两个人的团队，都应该有一个共商共识的科学流程，如下图所示。

▶▶**案例**◀◀

有一位管理者说，他学了 OKR 共创的方法后，就用到了家庭上面。比如跟孩子的交流，以前是强压式的，总觉得孩子不能如自己的意，非常烦恼。现在跟孩子沟通，会先共识共同的目标，先讲自己的问题，请孩子向自己提问，然后和孩子一起制定新阶段的目标，在达成共识的基础上，再带孩子去行动。

很明显的好处是，他跟孩子的心离得更近了，家庭气氛也不再像以前那样紧张。

▶第三个工具：决策与承诺◀

当最后的决策产出了，如何将这个决策变为现实？最重要的，就是责任到人，产生清晰的承诺。具体实施可按照如下图所示四个步骤进行。

如果不是在建共识的科学流程上来做，往往是上级强压任务给下属，下属心怀不满，做的时候也会心不甘、情不愿，因为他

不理解到底"为什么"。所以如果遇到了挑战和问题，他就会认为，看吧，我就说不行，就是行不通啊。

其实，直面挑战才是赢得目标的关键。如果目标都那么容易实现，人人都成功了。

▶▶**案例**◀◀

某家公司的老板之前曾经创业成功过，现在是他的二次创业，因为履历光鲜，加上能力确实突出，所以他的公司很快获得了资本的青睐，成为这个行业融资速度最快的公司，团队快速扩张到300人。

但这位老板也有非常担心的地方，这是一个全新的行业，虽然自己之前创业成功过，但是对这个领域来讲，他还是新兵，他所招募的大将都是这个领域的优秀人才，只是他们不懂得创业。

两方都是优秀人才，一方是优秀的专业人才，另一方是优秀的创业人才，但都不认可对方。这就导致在协作过程中，专业人才不听老板的，老板认为这些文人不懂战场的凶险，所以就强压任务；专业人才虽然不懂创业，但他们可以用专业来论证老板的观点是错的，如果你不听我们的意见，那么我们可以用事实来证明你是错的。

现在，我们用的是建共识的流程，目标从集体的创意择优过程中来，从为什么、是什么、再到怎么做，都有了清晰的讨论和展示，那么责任应该由谁来承担也就非常清晰了。

目标由谁来承接，不应该私下谈判，而应该公开推举或主动承担，这是富有仪式感的部分。

- **方式一：毛遂自荐。** 我，愿意承接目标一，主动挑战，盘活公司资源，号召团队一起努力；
- **方式二：推举制。** 我认为这个目标应该由×××来承接，他的能力、号召力和资源运作能力，在这个团队里是更能带领我们成功的。

这种毛遂自荐和推举制，一开始就赋予了目标生命力。

如果出现两个人都想承接一个目标的情况，可以公投，选择最合适的那个人。

▶▶**案例**◀◀

某公司想发展一个新业务，并根据这个新业务输出了一个 OKR。主胜任人应该选谁呢？这个业务首先跟技术相关，技术负责人希望赢得这个机会，他希望自己不再只是在后方，更希望往前台走一走，走出自己的舒适区；这个业务也跟用户相关，客户服务负责人也想赢得这个机会，因为他不想永远只有服务者的视角，他希望通过这次机会练就自己的产品能力。

　　两个负责人都想赢得这个承诺挑战的机会，高管团队请两位先离开会议室。大家开始讨论到底谁更合适。最终大多数人都认为这个项目成败的关键，在于用户是否认可，大家担心技术负责人的用户视角很难短时间建立起来，所以决定选择客户服务负责人来担任主胜任人。由他来组队，联合技术团队一起挑战这个 OKR 的达成。

　　被选择出来的这个人，不是说他要孤军奋战，而是团队选择了一个带头人，选择了一个目标的护航者。

　　目标的主胜任人选出来之后，还需要做以下事情。

　　（1）组队：组建虚拟核心团队。

　　（2）目标拆解：年度目标可以按照季度或者双月来拆解，关键目标的拆解要落实到何人、何时、做到什么程度，一般不要超过三条，超过三条说明还是没有抓住关键。

　　（3）确定目标达成的信心指数（如下图所示）：0 分代表毫无信心，极难；3 分代表信心较弱，很难；5 分代表要跳一跳才能达到，目标是相对合理的；7 分代表比较容易，在能力范围内；10 分代表容易，目标很容易达成。

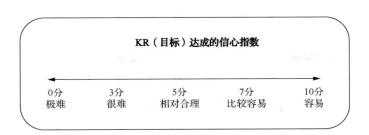

KR（目标）达成的信心指数

| 0分 | 3分 | 5分 | 7分 | 10分 |
| 极难 | 很难 | 相对合理 | 比较容易 | 容易 |

信心指数体现的是主胜任人对于难易程度的把握，也是对自身能力的评估，他对于实现这个目标的把握决定了他将要付出多大的努力来实现这个目标。

▶第四个工具：个人 OKR 衔接◀

集体目标制定完成之后，团队就有了"北极星"，这个"北极星"将会在这个目标周期内照耀着整个团队往前走。整体目标的落地还有非常重要的一步要走，那就是将集体目标拆解到每个人。

如果集体目标不能被个人有效承接，那么集体目标只会是空中楼阁。

个人目标制定分为如下图所示的 6+5 个步骤。

其实，这一步如果用一个关键词来形容，就是激活。

怎么激活呢？

第一，了解个人的需求和动机；

第二，帮助他分解落地的关键任务。

这两点夯实了，这个人就立起来了。

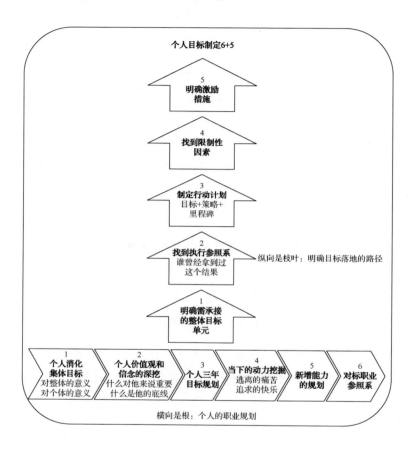

接下来，我来带着大家一一拆解这 6+5 个步骤是如何做的。

1. 横向激活：个人的职业规划

第一步，个人消化集体目标

德鲁克说，企业存在的唯一目的是创造顾客，所以集体目标必然跟当前周期要创造多少顾客及如何创造顾客相关。

跟团队聊职业规划，并非空泛地聊梦想，而是以大家都想要实现的集体目标作为切入口：

- 你怎么看团队的这个目标？为什么它重要，对于整体而言，它的价值是什么？

- 团队的目标达成，对你个人来说意义是什么？对你来说重要吗？

通过这两个问题，从个人的角度来消化高高在上的集体目标。了解他作为团队的一员，如何看待整体目标对公司的价值，以及对他个人的价值，进而让目标慢慢落地到个人心中。

▶▶案例◀◀

某公司制定了一个非常有挑战性的年度目标，为什么要如此有挑战性呢？这个目标较去年的增长是200%。我私下一对一问询过公司的管理者们，为什么定目标要如此激进，这个目标对他们公司整体到底意味着什么。他们大部分人的答复都是相似的。

因为公司之前达到过这个高度，这不是不可企及的梦想，而是可以触碰的。随着市场日新月异的发展，又涌现出了新的机会，只要能够抓住这个机会顺势而为，就能达成目标，所以这个目标是可达成的。达成这个目标的意义非常重大，因为大家希望公司能够持续成为牌桌上的强势玩家，而不要被后进者赶超。

对个人而言，这个目标同样意义重大，如果公司被其他竞争对手甩下牌桌，那么大家的职业前景也会暗淡。所以大家有足够的动力去承接并达成这个目标。

第二步，个人价值观和信念的深挖

当目标的价值落地到个人心中之后，还需要与个人深层次的价值观和信念捆绑。即便从来没有梳理过，每个人都是有自己的价值观的，当所处的环境、所做的事情跟他的价值观匹配时，他就会觉得愉悦；当他所处的环境、所做的事情跟他的价值观背离时，他就会觉得痛苦。

所以，我们需要帮助团队成员明确他的价值观和信念，要搞清楚承接并达成集体目标是否符合他的价值观和信念。

作为管理者，你可以问以下问题：

● 什么对你来说是重要的？

● 什么会激发你的行动？

通常来说，我们得到的答案是成功、成就、责任、开心、认同、爱、财富、嘉奖、健康等。

到这一步还不行，我们还要继续深挖，做到了什么程度能够验证你实现了你的价值观，这个就是他的信念。

所以有时候，我们会发现：

- 有的人非常看重上级的表扬，因为这是他的信念；
- 有的人非常看重目标的达成，因为这是他的信念；
- 有的人非常看重别人对他的信任，因为这是他的信念。

了解了一个人的信念，我们就可以因地制宜地鼓励他，而这些信念，都可以跟他所承接的目标相关联，从而更加确认他所要达成目标的决心。

▶▶案例◀◀

某管理者制定了一个新业务的目标。去年这个目标才孵化出来，到现在才刚刚半年时间。他已经完成了团队组建、标杆客户的建设等基础工作。今年必须要让公司见到成效。

我问他，是什么让他激情满满？他说是成就感，成就感和创新是激发他持续往前走的底层动力。

我问他，什么叫作成就感？他说，成就感就是能够把一件事从 0 到 1 做出来，这会令他无比满足。

我继续问，为什么从 0 到 1 会让他满足呢？他说，如果一件事已经被验证出来了，那么接下来的事情，其实是索然无味的，就是简单的事情重复做上规模，这些阶段他都经历过，他不感兴趣，他最感兴趣的还是从头去创造，可以发挥的空间很大。

我继续问，那么如何验证你实现了成就感呢？他说，如果我今年的 OKR 完成了，我就非常有成就感。

这就是一个目标、价值观及信念完美契合的案例。

第三步，个人三年目标规划

目标跟价值观和信念捆绑之后，为了增强个人对目标的认知，我们还需要像第一个基本功一样，帮助个人拉长时间线去思考自己的目标——个人的三年目标规划。

通常来说，只有少数人会思考三年的发展目标，但只有思考到了这个层次，人的稳定性和发展性才会非常强。因为有了可见的长线思考，他就会很在意因果关系，他会考虑当下应该做什么，会带来三年后的哪些成果，那么他就不容易给自己设限。

大多数人的思考，会局限在领导让我干什么我就干什么，或者有一个特别长远的梦想，比如创业。但他没有落地的规划，这就会导致从当下这个点到未来想要的图景中间的路径是模糊的，无法打通。

三年是一个很重要的节点，我们应该引导对方思考这个问题，从而帮助他建立当下与未来的连接，更好地梳理清楚因果关系，而不是计较一时的得失。

▶▶案例◀◀

在创业后的第三年，某公司的管理层聚集在一起，做了一个主题为"给三年后的自己写一封信"的活动。时光荏苒，三年很快就过去了，这家企业也快上市了。老板拉着大家梦回当初，拆开当时写给自己的信。令人遗憾的是，很多人早就离开了，只有部分人还留在现在的团队。

还在的人，大家打开当时写下的纸条，读出当时的梦想。有人说，想出去旅游；有人说，想买房买车；有人说，想要很多钱；只有一个人的梦想非常独特，他的梦想是成为上市公司的高管。

这令人感到非常奇怪，因为当时这个人还只是一个中层管理者，他居然有这样的梦想，而且确确实实，他马上就要梦想成真了。他说，支撑他一路走来的就是这个梦想，这是一个普通人能够实现财务自由最便捷的路径，他选择这家公司也是看中了这家公司具有上市的潜质。

大家都很惊叹，原来这个人的稳定性出处是这个，难怪过程中任何压力都无法将他打倒。

第四步，当下的动力挖掘

前面三步聊的是形而上的东西，这一步，会让人回到眼前。可以通过两个问题挖掘当下的动力：

（1）当下你想逃离的痛苦是什么？

（2）当下你想追求的快乐是什么？

这两个问题的答案，是这个人当下最强的动力，尤其是他想逃离的痛苦。一个人所处的环境里，有无数的刺在扎他，只要他还有意志力，还有梦想，他就会想逃离。那么，借助这个动力，目标的达成就会事半功倍。

当明确痛苦之后，还需要理清楚，他想追求的快乐是什么，用正面因素来激励他。

▶▶案例◀◀

　　某管理者今年的目标是，帮助公司实现品牌影响力进入行业前三。我问他，最想逃离的痛苦是什么，他说不想再被人诟病一事无成，浪费一年时间陷入无休止的人事斗争，只想安安静静地做事情。

　　我继续追问，那么你今年追求的快乐是什么呢？他说，如果今年能够实现这个目标，就能充分证明自己的能力，证明我在品牌体系的建构上是有实力的。

　　我继续追问，如果证明了你的能力，又能怎么样？他说，那么他关于市场的更远大的规划，也将有实施的机会，这是他真正追求的。

　　我最后总结说，你的 O（Object）是不是可以这么定：通过让公司品牌影响力进入行业前三，充分证明自己的能力。

　　他坚定地回答，是的。

第五步，新增能力的规划

一个好的目标顾问，会始终关注个人的发展，帮助个人思考周全。当我们帮助个人制定好目标后，还需要帮助他迭代思考自己的能力，因为只有能力，才能支撑目标的完成。什么叫作能力呢？就是一个人能够在头脑中形成指引自己具体行为的认知体系和策略。也就是说，一件事还没有完成，他就已经看到了这件事的状态，并知道如何去执行，而不是在执行的过程中碰运气。

我们需要追问：

（1）为了达成理想状态和实现目标，他认为自己在这个目标周期内，应该具备和加强的能力是什么？

（2）这些能力中，哪些是他已经具备的，哪些是他还需要着重加强的？

这样的追问，可以让他清楚地了解自身要具备的生产要素。

▶▶**案例**◀◀

> 某管理者今年希望为公司孵化一项新业务。我问他，如果要完成这个目标，他需要具备的新能力是什么？他说是与人沟通的能力，过去，他总是在与人沟通这件事上失败，包括跟领导和平行部门的沟通。但这个新业务既需要老板的信任，也需要平行部门的支持，而过去的自己，总喜欢一个人默默做事。

然后，他问我有什么建议。我给他的建议是增强"用户需求感知能力"。因为最终这个项目能不能成，最关键的是用户到底买不买单，如果用户不买单，即便老板再信任你也没有用。

第六步，对标职业参照系

前面五步，可以帮助一个人搞清楚他到底想要什么。而这一步，是为了帮助他更了解自己的需求，使之有画面感。具体做法是，可以引导他找到一个对标对象，能够使抽象的画面变得具体，理清楚谁的样子、谁的状态是他想要达到的，以及为什么选择他作为对标对象，从而让他更有动力。

（1）谁是你的职业偶像？为什么是他？

（2）你认为他的成功要素有哪些？

（3）你希望拥有他的什么品质？

▶▶案例◀◀

为什么一件普通的衣服，被大受欢迎的女明星穿过之后，就会被卖断货？因为人们会代入自己，当自己穿上那套衣服之后，仿佛自己就像女明星一样。

这样的明星效应，用在目标制定的环节里，也有同样的效果。在我们还没有达成目标之前，对结果很难有画面感，那么就先对照一下自己的职业偶像，想一想他的状态，抽离出自己应该补充的能力。

需要注意的是，职业参照系可能会不断变化，因为这取决于个人的状态，而一个人是不可能完全成为另一个人的，我们更多的是要梳理成事的因果关系，从而能够受到启发，归纳出属于自己的认知。

以上六步，让我们更加了解一个有血有肉的人，了解他的思考方式、价值观、信念及动机。当我们买一部车、买一台手机的时候，我们都会关注性能和配置，同理，当我们跟一个人合作的时候，更应该深度地了解一个人的动力和价值观，这样才能有效合作。

2. 纵向激活：明确目标落地的路径

对人才的个人职业规划和底层动力进行深度挖掘之后，我们再回到当下，我们追求的是当下就要赢。

只有当下赢了，不管是拿到结果，还是获得教益，这才是未来能赢的基础。如何做呢？一共分为以下五步。

第一步，明确需承接的整体目标单元

要清晰地界定在当前整体目标中，每个部门所承接的价值贡献是什么。是直接贡献业绩，比如合同额、收入或者利润？还是为整个组织增效，比如提升人均产值、人均毛利、节流？还是为企业提供增值，比如做新业务、开拓新市场、提升客户满意度、为企业储备特殊人才？

这一步最好以共创对齐的方式来做：

（1）自上而下梳理，从整体视角提出要求，这个岗位当前最需要做出的贡献是什么？

（2）左右对齐，从协同的角度提出要求，这个岗位的产出要求是什么？

（3）自下而上对齐，从他的自我要求来看，他想做出的贡献是什么？

合并同类项，以整体要求为准，考虑协同要求，最终由个人来做输出。

这一步很重要，因为个人视角是有盲区的，自己以为的和他人期望你做的事情，不一定是一致的，找到两者之间的差距，然后思考当下该做的事情到底是什么。

▶▶案例◀◀

> 某公司开了两天的年度目标共创会，从知识的学习，到上下的信息对齐，再到公司级目标共创，最后到里程碑拆解。过程中有非常激烈的碰撞，因为时间有限，部门级的目标承接不能充分进行，就用了 30 分钟时间，每个部门轮流跟协同部门提要求，题目为：如果这个部门今年只对一件事负责，

你希望是什么?

　　当两天的流程全部走完,到了最后让大家说一下这两天最大的收获时,人力部门的负责人说,最大的收获就是最后30分钟的部门期待对齐。因为他明确了大家对他的期待,是要对人均产值负责,而不只是招人或者企业文化建设。

第二步,找到执行参照系

　　每年的目标都会很有挑战性,如果没有挑战性,就没有必要定目标了。那么如何才能够有效拆解这个目标,找到落地路径呢?如果以前公司没有做过类似拆解,那么"信息输入"是不够的。有一个非常有效的办法,就是跟先进的同行学习。学习不是为了抄袭,而是为了模仿并丰满自己,补充"信息输入"。我们通过梳理、学习标杆,就可以很好地补充自己的策略。

　　具体行动可以参照如下步骤。

　　(1)明确自身的任务定位;

　　(2)找到可以对标的公司,然后进行系统的数据调研,进行定量和定性的分析;

　　(3)从对标公司的经验中提炼出自身可以借鉴的亮点;

　　(4)制订行动计划。

　　如果你认为自己的工作是前无古人的创举,很难找到 100%完全一致的参照系,那么可以先找到属于同类但不一定是同行的先进案例进行学习;如果你始终认为就是没有可学习的对象,其他人不值得学习，很可能是因为你自己的盲区太大了，眼里只有自己，看不到别人。

▶▶案例◀◀

> 有一次我获得观摩某优秀公司战略会的机会，一开始我的期待是大家会对未来的发展方向进行展望，会有很激烈的争吵。但是出人意料的是，这家公司的战略会是逐个部门来跟老板开的。
>
> 每个部门都准备了一份充足的资料，来跟老板汇报其他竞争对手在这个领域的先进做法是什么，为了说明竞争对手的某些手段的有效性，这些部门还会准备丰富的支撑数据并进行分析，再结合自身的产品情况、客户情况，提出竞争对手值得借鉴的地方是什么，自己下一步的行动计划是什么。
>
> 我听完会议内容，感知到这样正规的竞争对手分析会开完之后，最大的好处就是企业智慧的弹药库、武器库会更丰富，而不至于陷入大家都想挑战高目标却不知道怎么做的尴尬境地。
>
> 老板说，如果没有对行业先进经验的分析，纯靠自己拍脑袋去开战略会，效率会非常低。

第三步，制订行动计划

学习别人的经验后，还需要结合自身的优势，将其转化为自己的行动计划。无论你是直接承接公司级的 KR，还是通过理解公司级 KR 的需求来延展出自己的任务，都需要消化为自己的语言，输出自己的 OKR 列表：你的理想状态是什么？你的 KR 是什么？里程碑是什么？你的行动策略指南是什么？

目标确定后，任务的拆解是非常关键的。一年按月来分解就是 12 个月；按周来分解，就是 52 周。按照时间节点一分解，你就知道你的行动路线应该如何设置了。通常来说，一个周期能够完成一件事就不错了。任务的拆解会让我们感知到时间的紧迫性，而关键策略的拆解会让我们知道行动的切入口是什么。

行动计划列表如下：

（1）输出你的年度 OKR；

（2）拆解实现你的 OKR 的关键策略及所需的关键资源；

（3）将行动计划按照时间节点进行拆解；

（4）输出你的双月/季度 OKR。

▶▶案例◀◀

某公司今年和去年一样，定了年营业额 2 亿元的目标。按照季度拆解，得出一季度要完成 20%，二季度要完成 30%，三季度要完成 30%，四季度要完成 20%。老板看到目标立刻头大了起来，因为旗下无可用之人，去年因为招错了人，就耽误了至少两个季度。去年的完成比例只有 60%。如果今年想完成业绩，最关键的就是必须招到一个能够担起任务来的营销副总，否则今年的营业额又是空中楼阁。

好消息是，老板在去年第四季度终于找到了合适的人选，通过去年第四季度的磨合，感觉还不错。如果今年一季度能够验证成功，那么今年完成业绩的可能性将大大提高。

第四步，找到限制性因素

这一步也是第一个基本功的复用，所有的目标都有会限制性因素，找到是什么让我们失败，那么我们就可以远离什么。限制性因素找到之后，就需要制定相应对策，以确保在问题发生之前我们就有方案 B。

可以通过如下问题找到限制性因素：

（1）什么会让你完不成目标？

（2）当可见的风险发生后，你该如何应对？

第五步，明确激励措施

本质上，工作就是最好的激励，目标达成了，也就是最好的激励。但在工作中，我们还需要考虑到人性的"贪嗔痴"，有的人渴望成为管理者，有的人希望提高收入，那么，在一开始就可以跟个人约定，如果目标达成他能获得什么激励。渴望比实际得到更让人有动力。

可问的问题如下：

今年你最大的奖励期待是什么？是加薪？还是升职？还是其他？

▶▶案例◀◀

> 某公司来了一个非常有工作动力的小姑娘，老板觉得这个小姑娘是个可造之才，就问她的发展目标是什么。那是在2011年，这个小姑娘的回答是，期待月薪尽快过万元，这是一个非常激动人心的目标。老板说，好好干，月薪过万元近在眼前。
>
> 结果到了那年年底，这个小姑娘是年度优秀员工，为公司做出了显著的贡献，公司当年就给她涨到了万元月薪。这年年底，老板继续约谈这个小姑娘，问她新的发展目标是什么。她说，希望在30岁之前当上市场总监。
>
> 老板沿着她的个人期待，辅导她制订了新的一年的工作计划。

建共识的三个注意事项

现在我们知道了建共识的三个指导思想及四个工具，接下来我们还需要了解建共识的三个注意事项，确保遇到问题的时候能够做到了然于心。

▶不强求激活所有人◀

有的人是因为热爱和兴趣，加入一个团队；有的人是为了薪水加入一个团队，没有什么激情可言，但是他可以保证完成任务。我们要允许这样的事情发生。有的人是长期合作者，有的人是短期合作者，都是合作者，有的人是能够建共识的，有的人是永远都建不了共识的，那么就先建契约。

共识，也可以在多次契约达成后慢慢建起来。

▶▶案例◀◀

某高管总是心不在焉，其他同事也反馈这个高管非常影响团队的氛围，工作也很难出成果，只会做表面工作。后来通过调研，发现公司内部针对该高管出现了三种声音。

第一种声音来自他自己。他说无论是公司还是他自己，其实都没有想好要做什么，他只能以听从上级安排的心态做事。为什么不离开呢？他认为这个行业还是有机会的，但是团队里的有些同事实在难以恭维，所以就走一步看一步。

第二种声音来自他的一部分同事。这些同事说，这个高管当年也有热血的时候，但因为某些项目被公司伤了心，所以他现在的状态是受了那件事的影响的。

第三种声音来自另一部分同事。这些同事说，这个高管一直就是这个状态，三心二意、得过且过，但他的确很有才气，在某些专业方面有难以替代的能力。

三方都从自己的视角出发，谁也说服不了谁，那么就不要吵了，用事实说话。该高管应当制订清晰的任务目标计划，依照契约精神完成工作，如果业绩确实持续不能达标，公司就可能要与其"分手"了。

▶勇气固然可喜，但判断力更重要◀

在团队里，有的人态度非常坚定，执行力也非常强，制定目标的时候当仁不让，这样的人是难能可贵的。但是也要小心这样的人，因为如果他缺乏容人的度量和对事情本质的理解，单靠一个"勇"字，他一旦成了核心，就可能破坏整个集体的协作。

▶▶案例◀◀

某公司陷入发展瓶颈期，正是无人可用的时候。团队里有一个中层管理者个性非常鲜明，敢于说话、敢于扛事儿。

我就问老板，这个人精气神不错，你会起用他吗？老板肯定地说，不会的，因为这个人做事还可以，但是一旦到了战略层面脑子就是一团糨糊。过去他曾经就起用过类似的人，但是没有办法商量事儿，他只认为自己是对的，只从自己的眼睛里看问题，不兼容其他人，凡是跟他意见不一致的，就是他的敌人，最终把整个管理团队搞得鸡飞狗跳。

老板说，同样的错误我不想犯第二次了。高管团队的人，判断力是第一位的。

▶要警惕激励方式和组织架构的破坏性◀

有时候，我们会发现无论我们怎么强调客户导向，怎么强调协作，就是达不到预期目标。为什么？究其原因，有可能是激励方式出了问题，是不是过于强调前端销售的激励，而对于中台和后台的团队激励不到位，这些人是吃大锅饭的，做多做少都一样，最后只有前端团队着急。这样就会出现用力不均衡，整个公司无法激活的现象。

另外，组织过于深井，后端团队接触不到客户，感知不到客户的需求，那么后端团队将会以领导的需求、自己专业的需求为导向，整个公司就无法以一盘棋的形式运转，建共识也只会是表面功夫。

行动指南

▶行动一：策划一场共创会◀

和你的团队实施一场共创会吧，如果你没有团队，可以找你想要团结的人，来一场共创会，如孩子、配偶、父亲、朋友等。实施流程如下。

步骤	内容	行动记录
第一步，明确为什么	• 你为什么想跟他（们）达成共识 • 你想解决的问题是什么	
第二步，明确是什么	• 你希望达到的效果是什么	
第三步，明确对方的需求	• 通过访谈，了解对方的期待和想解决的问题 • 对方为什么愿意参加你的共创会 • 他们期待的成果是什么	
第四步，明确共识原则	• 整体利益至上 • 良好的协作是成功的关键 • 相互成就	

步骤	内容	行动记录
第五步,实施共识流程	• 第一步,暴露问题,质询 • 第二步,共创目标 • 第三步,决策与承诺 • 第四步,分解目标	
第六步,记录会议心得	• 此次会议,你印象最深刻的细节是什么 • 你最大的收获是什么 • 你的行动计划是什么	

▶行动二:帮助下属做一次职业规划◀

步骤	问题表	内容记录
第一步,个人消化集体目标	• 你怎么看团队的目标,为什么它重要,对整体而言,它的价值是什么 • 如果团队的目标达成,对你来说重要吗,对你个人的意义是什么	
第二步,个人价值观和信念的深挖	• 什么对你来说是重要的 • 什么会激发你的行动	

步骤	问题表	内容记录
第三步，个人三年目标规划	• 三年后，你在哪里，你打算做什么 • 你认为你当下的努力，跟三年后的自己的关联是什么 • 如果你现在给三年后的自己写一封信，主要内容会是什么	
第四步，当下的动力挖掘	• 你当下想逃离的痛苦是什么 • 你想追求的快乐是什么	
第五步，新增能力的规划	• 为了达到理想状态和实现目标，你应该具备的能力和品格是什么 • 这些能力和品格中，哪些是你已经具备的，哪些是你还需要着重加强的	
第六步，对标职业参照系	• 谁是你的职业偶像，为什么是他 • 你认为他的成功要素有哪些 • 你希望拥有他的什么品质	

▶行动三：帮助下属输出一个目标清单◀

步骤	问题表	内容记录
第一步，明确需承接的整体目标单元	• 自上而下梳理，从整体来要求，这个岗位最需要做出的贡献是什么 • 左右对齐，从协同的角度看，这个岗位的产出要求是什么 • 自下而上对齐，根据你的自我要求，本周期的产出要求是什么 最后合并同类项，以整体要求为准明确目标	
第二步，找到执行参照系	• 明确自身的任务定位 • 找到可以对标的公司，然后进行系统的数据调研，进行定量和定性的分析 • 提炼出自身可以借鉴的亮点 • 制订行动计划	
第三步，制订行动计划	• 输出你的年度 OKR • 拆解实现你的 OKR 的关键策略，以及所需的关键资源 • 将行动计划按照时间节点进行拆解 • 输出你的双月/季度 OKR	
第四步，找到限制性因素	• 什么会让你完不成目标 • 当可见的风险发生后，你该如何应对	
第五步，明确激励措施	今年你最大的奖励期待是什么，是加薪，还是升职，还是其他	

第四个基本功:
抓执行

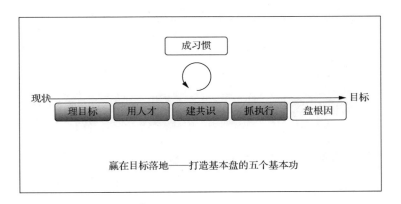

成习惯

现状 —————————————————————————————→ 目标

理目标　用人才　建共识　抓执行　盘根因

赢在目标落地——打造基本盘的五个基本功

人人都有拥有梦想的权利，但是真正让人拉开差距的是你是否有将梦想落地的牺牲精神、你是否自律、你是否有稳扎稳打知行合一的能力。

▶▶案例◀◀

这里讲一讲人类首次征服南极点的队伍——挪威的阿蒙森和英国的斯科特的故事。这两支队伍的目标都是一样的——成为首次征服南极点的人类，在历史上留名，而且都做了自认为充分的准备。但是两支队伍的执行效果却截然不同。

阿蒙森首先跟因纽特人学习如何长时间地跟极寒天气共舞，他发现因纽特人用的交通工具是爱斯基摩犬拉的雪橇，这种犬是不怕冷的。然后他制订了严谨的推进计划，每天无论天气如何，都稳定地推进约 30 千米，他们的物资准备远远超出 5 人探险小组的需求，从而能够更从容地应对坏天气的挑战。

斯科特也是一个牛人，但是他的执行路径却和阿蒙森的很不一样。首先，他带的交通工具是新潮的雪地摩托，以及西伯利亚小马。那时是 1911 年，内燃机技术还不是很成熟，雪地摩托到了南极的第三天就都坏掉了。西伯利亚小马也不能胜任这个工作，很容易生病，不及爱斯基摩犬耐寒。最终，斯科特的队伍陷入了人拉货物的悲惨境地。他们准备的物资只是刚刚好的量，没有预留应对意外的物资。

在执行上，斯科特的队伍也有冒进的问题，天气好的时候，就疯狂赶进度；天气不好的时候，就躲在帐篷里。而在那种寒冷的天气里，太激进是有问题的，因为一旦出汗就会被冻住，这是非常危险的。后来因为物资短缺，队员都死在了返回的路上。

而阿蒙森的队伍率先到达了南极点，且5个队员都顺利生还了。

梦想都是一样的，但是策略和执行的差异，带来了不同的结果。本书的封面图，一个人举旗站在雪山顶，身边有一只狗，寓意的就是首次征服南极的阿蒙森团队，致敬他们极致的目标落地精神。

执行力差的四个原因

目标的设定和共识的建立是很难的事情，目标的执行也是很难的事情。一家公司说，我们公司最大的问题不是目标和方向的问题，而是执行力的问题。这话在大多数情况下是没什么问题的。为什么呢？

因为如果一家公司有好的执行文化，即便战略是有问题的，团队也能在动态调整中把正确的精华筛选出来。毕竟，我们的生存环境要比南极好得多，即便一次准备失误，及时调整的空间也是有的。

这里不得不提到阿里巴巴的大将彭蕾的名言，彭蕾说，无论马云的决定是什么，她的任务就是帮助这个决定成为最正确的决定。这就是执行力的最高境界。

那么执行的问题一般出在哪里呢？主要有以下四个方面。

第一，干扰太多

干扰有两种，一种是主要目标不清晰，不明确，导致觉得什么都重要；另一种是负面因素，比如负面情绪和负面言论。

人是环境的产物，如果环境不利于目标的执行，单纯靠个人用意志力去对抗不利环境是强人所难。如果没有强有力的目标引导，大家就很容易注意力分散；如果没有严明的纪律，则很可能在目标定了半年后、一年后大家才想起来。可笑的是，这个时候大家想起来目标的原因，不是因为要去执行，而是快到考核大家的时间了。

原本目标是用于激励团队的，结果被大家用成了考核工具，可悲。

另外，如果团队里不利于执行的负面因素不能被及时清除，也会影响主力的发挥，比如负面情绪会传染，导致主力军的战斗力和意志力受损。

▶▶案例◀◀

　　负面情绪和负面言论有多么影响人的斗志，大家可以看一下有名的以少胜多的淝水之战。当时前秦和东晋（兵力对比悬殊）两支队伍隔河而立，东晋主将谢玄要求秦军向后退，让晋军渡过淝水而后决战。苻坚接受了这个要求，下令让大军往后退，没有想到这一退就出了问题，有人在后面趁乱大喊：秦兵败了！秦兵败了！后面的兵士一听则信，根本不知道前面发生了什么，撒腿便跑。

　　对岸的晋军见此情景，赶紧渡河猛追，秦军溃散，昼夜兼程逃跑，如惊弓之鸟。奔逃的路上，远处山上郁郁葱葱的树木被风吹得簌簌作响，高度紧张的前秦士兵以为那是晋军的追兵，越发拼命逃窜，这就是"风声鹤唳，草木皆兵"的来历，前秦从此一蹶不振，很快走向灭亡。

第二，动力不足

　　如果没有将个人战略和业务战略相结合，不清楚这件事对于自己的意义是什么，那么个人在实践过程中就会犯迷糊，遇到问题就容易退缩。尽管我们在制定目标的时候做了职业规划梳理，但是人脑是发散的，看到什么就会想去做什么，看到其他新鲜有趣的事情就会去关注。

如果没有有效的过程跟踪来做能量补给，人的动力就会渐渐消散，最终会不承认当初定的目标。当你最后跟他说目标是他曾亲口承诺的，他就会因为觉得这是羞辱而产生怨恨，并把这种对话方式定义为领导的新型控制法。

很多人经常会说，目标落地最大的问题就是目标失效了。

其实不是目标失效了，而是你的注意力去了别的地方。你在定目标的时候，觉得目标非常重要，弱水三千只取一瓢，等到会议结束，到外面的花花世界一看，这个也不错，那个也不错，就忘了当初的"糟糠之妻"了。

其实，所有的事情，最终都是一件事情，如果我们没有抓住本质，就不知道自己究竟为何而战，老是看到新鲜事物就着迷，三分钟热情之后，动力就不足了。

▶▶**案例**◀◀

有一个朋友说，我们都知道定目标很好，OKR 也很好，但是这样做是不是太死板了？因为外界是变化的，人也是会变化的，过一段时间，我们难免会有新的、更重要的事情去做啊！

这就是非常典型的"飘萍人生"，如果你确定自己就是要如此生活，那也没什么；但如果你希望自己能够日积月累成就一番事业，那么这样的"飘萍人生"是需要改进的。

第三，执行的切入口不对

我们在第三个基本功里学习了 OKR，其中 O 是目标，是我们想要去的地方；KR 是关键结果，是验证我们是否达成目标的指标。这两者都是滞后性指标，为了完成滞后性指标，我们需要明确可以执行的引领性指标是什么。

如果你天天盯着"我要赚 1 个亿"这个目标，你会发现自己有很强的无力感。谁不想成功发财呢？但是如果"怎么做"的路径不梳理出来，突破口不明确，这件事情就没法干，大家只能看着目标干着急。如果路径梳理得不科学，驴唇对不上马嘴，那么就会越努力越失败。

▶▶案例◀◀

某公司的年度目标是业绩翻倍。为了达成业绩翻倍的目标，产品开发要达到里程碑，客户服务部门要求保证客户满意度。但是大家在开完会之后，还是内心忐忑，不知道要怎么做。

后来，老板和大家开了策略分析会，认为一定要占据行业舆论的制高点，全年一定要开好三场行业大会，通过领先的行业报告和意见领袖的站台，让决策者都能到会议现场，而且还要给他们颁奖，让客户感受到他们的势能和领先性，从而促进客户的决策，带动全年的业绩增长。

因为公司的确在开行业大会上有成功案例，且大家之前感受到过实际效果，当听到老板的分析之后，大家都觉得可行，于是一改之前怀疑的态度，马上开始排兵布阵，准备开干。

第四，难度太大

人的脑子都喜欢容易的事情，难度太大的事情它是抗拒的，如果没有切实可行的证据告诉人的脑子，这件事情是可以做的，它就会不停地逃避。

比如，要写一本书，这件事情太难了，你既不能抄袭，也不能瞎写，怎么办？那你就去做较为容易的事情，打打电话、跟客户聊聊天、刷刷手机，最终一个月或一个季度下来，什么事情也没有做成。

执行力强的团队往往都有一个特点，就是他们的执行计划足够简单，听话照做就能做好。如果在定目标的时候，要费很多脑子，执行的时候也要费很多脑子，这是非常反人性的，也一定不利于执行。

过程就是奖励——优秀执行文化的三个特征

"定目标""用人才"是在为事业找原料，"建共识"是孕育种子的过程，将好的事业和好的人才融合成一颗有生命力的种子。

最终这颗种子能不能顺利地发芽、生长、结果，就有赖于执行环节了。

我们总是期待巨大的成功，期待最后的惊喜。但我们真正应该享受的是整个过程，过程就是奖励。如果我们把人生和目标的实现过程当作一次旅行，那么绝大多数的体验都发生在过程中。

执行，就像农民种田一样，是需要遵循科学规律的，既不能揠苗助长，用力过猛；也不能缺水缺肥，放任杂草丛生。执行讲究该突破的时候突破，该等待的时候等待，只要你在过程中用的力、做的事都是正确的，那么，就可以静待花开。

执行是一个系统工程，也是一个打造以目标为导向，追求极致、勇于突破、说到做到的企业文化的过程。

能够实现过程就是奖励的执行文化，有三个特征，如下图所示。

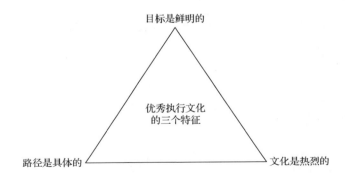

第一，目标是鲜明的

如果我们渴望把千辛万苦寻找到的那颗种子培育成参天大树，那么我们的工作应该始终围绕着目标展开。

这个目标，就像北极星在照耀着我们的团队，就像太阳一样夺目，就像在一片黑暗中闪闪发光的灯塔。即便我们身边所有的事情都黯淡了，我们的目标也应该是熠熠生辉的，它应该是我们这个周期行动的唯一的指南针。

它如此的鲜明和唯一，每天早上起床，我们都被这个目标叫醒。我们每天思考的是，该如何才能达成这个目标？我们还可以做点什么？当知道它有了进展，我们会觉得满足和开心，觉得一切都是值得的；当得知它的发展有了阻碍，我们会心急如焚，必须马上想办法将它再次点亮。

它是如此的重要，以至于在这个周期里如果我们达成了这个目标，我们就会认为自己的时间没有白花；如果最终我们没有达成目标，我们就会觉得非常遗憾，觉得愧对自己的时间。

当目标成了个体和团队的信仰的时候，执行力的提升就会有很肥沃的土壤。

▶▶案例◀◀

字节跳动成立于 2011 年，创始人张一鸣认为"提升信息分发效率是今日头条的使命，而一切能够让分发效率变得更高的内容缝隙，都应该成为今日头条覆盖的领域"。在创立字节跳动的第一个五年，他定的目标是用五年时间实现 1 个亿的日活。最终在 2016 年，他提前几个月实现了这个目标。

再说说那个目标从月薪过万元到想要在 30 岁之前当上市场总监的小姑娘。当许下这个诺言之后，她就开始围绕这个目标稳扎稳打地前行，从技能的学习到对业务的理解，再到机会的争取。终于她在 28 岁的时候，提前实现了这个目标。一个人通常只有把上一个任务完成之后，才有机会去触碰下一个任务，她之后的目标是，要成为公司的营销副总裁。而这次，她给自己的时间是三年。

第二，路径是具体的

想要提高执行力，执行的路径就不应该是"含糊其辞"的，也不是有几十种执行可选择的。想要提高执行力，要么就是没得选，要么就是你再也不想选择其他的路径，就它了。而且整个团队要高度一致，大家都认可这个路径，大家齐心协力一起往前走，一起把这个关口给突破了。

目标往往都是伟大的、艰难的、有挑战性的，而执行路径都是普通的、朴素的，但坚持下去就能见效。执行路径不该是高大上、难以理解的东西，应该是团队都能听得懂、干得了的事情。

▶▶案例◀◀

前文中所讲的案例，为了让业绩翻倍，公司定的执行抓手是开好行业大会。那么如何才能开出领先于同行的大会呢？

（1）找到"高大上"的场地；

（2）请到行业的泰斗坐镇；

（3）策划出有干货、有亮点、有互动的议程；

（4）将目标客户的决策者悉数请到现场；

（5）"海陆空"全方位地宣传推广；

（6）有让利、让客户心动的下单政策。

以上这六点的执行虽然很难，但可以靠专业人士的努力做到，不需要再费劲地从为什么、是什么、怎么做去思考，听话照做即可，在执行过程中，可以不断突破和创新。

第三，文化是热烈的

最终的结果是靠过程中的一个个小胜仗积累起来的，过程就是奖励。

当团队成员为一个个成果欢呼的时候，这个时候优秀就会成为一种习惯。团队和个体会相信自己，相信我们可以做到。今天我们拿下了一个小的成果，本周我们拿下了一个成果，这个月我们拿下了一个成果。太棒了，只要持之以恒，坚持打好持久战，我们就一定会拿下整个胜利果实。

人脑是一个性格鲜明的机器，它会权衡利弊。当它了解到按照这个做法去做，会很安全，会很有成果，那么它就会支持我们继续这么做，并且越来越具有创造力。

我们应该积极庆功，给个体和团队以成就感，同时，我们应该及时地把不利于目标达成的要素清除，只有这样，团队成员才会真的相信我们是使命必达的团队。

▶▶案例◀◀

张一鸣一贯强调很不喜欢过于激烈的团队氛围，他认为这样很不利于理性思考。有一次，他发了个朋友圈说：表（不要）自嗨，有没有哪家公司作为价值观的？

但是在字节跳动的执行文化里，大家对于事实的争论是非常激烈的，他们有双周 OKR 对齐会，有双月 OKR 跟进会，在张一鸣担任 CEO 的时间里，会定期开 CEO 面对面会议，允许大家提出任何关心公司发展的问题，并且他都会有正面的解答。这给予了团队更大的信心，也相信公司会越来越好。

这个案例想说明的是，这里所要强调的热烈并非丧失理性的热烈，或者是与事实违背的热烈，而是一种正常的节奏和确认，只有这种热烈才能够振奋人心。

那么，如何才能打造出具有以上三种特征的执行文化呢？以下，就是我教给大家的方法。

提高执行力的四个方法

▶ 第一个方法：强执行环境的打造 ◀

强执行环境，一定有如下图所示的四个特征：聚焦、持续确认、任务明确、不被干扰。

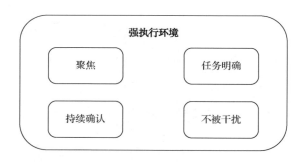

关于聚焦

在整个目标的执行周期里，应该只有一种声音，如果声音太多，我们的大脑就会失去良好的判断能力。到底什么是最重要的，整个环境必须要给出明确的指示：就它，是最重要的。

我们不要指望团队能够有强大的意志力，即便在纷繁的环境中还能一个个逆流而上。人是环境的产物，如果外界浑浑噩噩，模糊不清，他只能权衡利弊，去做最有利于自己的行为，而大部分个体所拥有的信息，很难支撑他进行全局的判断，这就注定大家会各做各的，无法形成合力。

重要的事情值得重复说，定下来的目标就像宪法，组织一定要确保它在当前的唯一性，助力团队在一线作战的时候能有更好的判断依据，最终能够形成合力。组织打造者的使命，就是塑造有利于团队成功的环境，其中一个最重要的指标就是聚焦。

▶▶案例◀◀

某公司制定年度目标时，营销副总建议所有的目标都围绕拳头产品展开，这是难得的发展时机。但是其他产品负责人听了很沮丧，认为难道我们就被边缘化了吗？公司就不管我们了吗？总之就是不认同这样的决策。

这时，老板站出来说，所有的事情都是讲 ROI（Return on Investment，投资回报率）的，当前这个时机，平均用力就是平庸，公司 80%的资源和精力，都应放到拳头产品上，我们追求的是卓越。只有拳头产品卓越了，其他产品才有发展的机会和舞台。

关于持续确认

目标一天不确认可能就会被忘记，因为我们的注意力很容易被抢夺，比如家里的争吵、同事之间的对抗、外界各种信息的干扰，而我们的兴趣点又那么多。

所以我们要不断地大声说出目标。对于个人而言，最好的做法就是每天问自己三个问题：

- 你最重要的目标是什么？
- 为什么这个目标对你来说重要？
- 你今天要做的事情，是在什么层面上帮助你去促进目标达成的？

一定要说出来，为什么要这样做呢？因为人接收信息有三个通道：视觉、听觉和感觉。光看着自己的目标想，你只是开动了视觉功能，但如果你能说出来，自己说自己听，就开动了听觉功能。在这个一问一答的过程中，我们会生发出感觉，从而建立起对于这个目标的全方位感知。

只有感知到目标对于我们的价值和意义，我们才会全力以赴地去实现。

对于组织而言，每天都可以开一个日会，确认基于最重要的目标，今天我们应该做的事情是什么，进行互相对齐和彼此监督。这个过程也是群体确认的过程，让目标深入人心。另外还要有周会、月度会及季度会等。

▶▶案例◀◀

> 某公司目标共创会之后，大家最担心的一条就是，持续跟踪目标进度的制度很难落实。因为老板不是个喜欢管细节的人，也不会很系统地追踪，而公司又没有运营负责人。于是，大家当场选择了目标周会的负责人，并约定了固定的周会时间和格式，彼此承诺，即便老板不参加，或自己出差有事，也一定抽时间参会，哪怕是线上参会，以确保进度能够及时同步，而不会因为信息的不透明导致进度延迟和问题累积。

关于任务明确

在定目标的时候，我们要充分地思考，反复辩证地推敲。到了执行阶段，就要变得简单，在行动的时候要减少思考和酝酿的时间，因为只有行动，才能出成果。

行动策略要符合 SMART 原则：

- S=Specific，具体的，有独特标签的，特设的，让人知道应该怎么做；
- M=Measurable，可衡量的，有明显影响的；
- A=Attainable，可达成的，可获得的；
- R=Relevant，相关的，有价值和意义的；
- T=Time-bound，有时间限制的。

归根结底，就是要具体到何时做到什么可以验证的、有价值的结果，以明确的要求作为行动的导向。

比如，任务要清晰到"请某某人在1个月内引进一款有团队公认的爆品特征的产品"，那么任务的主要负责人就知道自己应该做什么了。

千万不要把"我希望自己更优秀"或者"我希望产品更好"这样模糊不清的指令作为自己的行动指南。有的人一生一事无成，不是因为他不够优秀，而是他采取行动的指令不够清晰，所以一辈子都无法迎来自我提高的机会。

关于不被干扰

领导者如果希望下属有所产出，最重要的工作就是帮助下属排除干扰。领导者要确保自己的下属可以清爽地去执行任务，而不会被坏的氛围和情绪所影响。

"摆烂"是如何形成的？一个人感觉事情太复杂，自己做不到，他就会非常焦虑，但是他不知道怎么才能做到，为了逃避焦虑，他就开始"摆烂"。"摆烂"之后，他会更加焦虑，越发想"摆烂"，层层包裹起来，这个人就很难救起来了。

而且这种坏情绪是会传染的，即便有人想突破重围，但是因为身边的人都在"摆烂"，他也会不好意思奋斗。实在不行了，干脆辞职找个正常的环境才是上策。

当下属觉得这也可以做、那也可以做，犹豫不决的时候，领导者要能站出来，明确地告诉他这么做的判断依据是什么，到底做什么能让我们这个组织更好，为下属排除不必要的干扰，减少组织浪费。古语有云：天不可以不刚，不刚则三光不明；王不可以不强，不强则宰牧纵横。做领导的，判断力最重要。

▶▶案例◀◀

> 　　某个团队的业绩非常好，该团队的领导并不是业务出身，自身并不具备很强的销售能力。但是他为什么能够把团队打造成销冠呢？
>
> 　　这个领导有一个很难抄袭的优势，那就是能够每天持续不断地跟自己的下属聊天、聊孩子、聊成长、聊心灵、聊梦想，总是能够及时发现这个下属遇到什么卡点了，然后及时予以开导并且提供适当的帮助，让下属能够尽快地以最好的状态投入工作中。
>
> 　　所以他带的团队，大家的状态都很积极，很少有抱怨，心思都放在做业绩上。

▶第二个方法：用需求和奖励做执行牵引◀

需求的牵引

现在越来越多的人认为"胡萝卜加大棒"这样的奖惩制度过时了。

我要说的是，奖励永远是不会过时的，但是像过去一样单一的奖励，做好了我给你钱，加班了我给你加班费，别跟我说过程，我只要结果，这样简单粗暴的奖惩方式已经过时了。

如果我们希望激发员工的执行力，就需要知道他的底层动力到底是什么。

根据马斯洛需求理论，人的需求无非以下几种：

- 获得生存的机会，包括繁衍的机会；
- 与人群融合；
- 赢得社会的接受和认可；
- 减少不确定性；
- 自我实现。

当他需要钱去生存和繁衍的时候，你跟他说自我实现是没有用的，因为他的需求还在底层。

当他需要社会的接纳，需要一个让他感受好的环境时，即便给他再多钱，如果这个需求得不到满足，他还是会萎靡不振。

当他需要的是社会地位的时候，如果他在这个组织里无法升职，他可能就会想着通过跳槽升职。

当他需要构建自己的体系，以应对未来的不确定性的时候，即便给他钱、给他地位，而不给他深度思考的机会，他也会不干了。

当他需要自我实现的时候，如果组织不能支撑他实现梦想，他就会觉得不对劲儿。

好消息是，当我们了解到个体的底层需求之后，其实都是可以和具体任务相关联的，每一种需求都可以有落地的场景。因为每一个任务带来的价值，都不只是单方面的，而是多方面的，只需要你敢于深度挖掘和设计。

▶▶案例◀◀

> 问：你为什么要一天拜访10个新客户？
>
> 答：不只是为了成交后的那点奖金（物质激励），而是通过对客户需求的了解，我能更懂市场、并与客户建立友谊（关系激励）。我的业绩好了之后，市场和公司也会更加认可我（成长激励），未来我如果创业，我也有更好的判断力和实践经验（自我实现激励）。

这个道理也可以用在自己身上，当你去执行一个任务的时候，要告诉自己做这件事到底满足的是你哪一条或者哪几条底层需求？当深层次需求与实际任务产生关联后，你会干得更起劲儿。

榜样的带动

组织里为什么一定要树立榜样，因为人天生有学习的需求，尤其是跟榜样学习。这也是领导者言传不如身教的原因。因为你怎么做，你的团队成员就会模仿你怎么做。

如果团队大了，大家能够接触领导者的机会变少，就需要建立"新的节点"，去传达公司的宗旨、价值观和目标。所以在执行过程中，我们需要定期提炼值得奖励的事件和精神。

需要注意的是，这里的榜样不是指个人，而是指在过去这个周期内，发生了一件什么样的事，这件事体现了什么样的精神。我们奖励的是这件事，只不过这件事是由某个人来做的，所以我们把荣誉和奖励送给这个主胜任人，由这个人来做榜样。

奖励的要点可以如下罗列。

我看到的事件 _____

我喜欢的精神 _____

为什么要这么做呢？因为单纯奖励人会带来不好的引导，每个人的资源和处境都是不一样的。当人们权衡利弊的时候，如果以人为导向，其他人就会有畏难情绪，会思考一些自我设限的因素。比如我不可能像他那样有那么多资源，我不可能像他那样理解老板的意思，我和他所遭遇的困境不一样，等等。

奖励某种类型的事件和精神，比如创造性的事件和精神、突破性的事件和精神、有大局观的事件和精神、利他的事件和精神，这些是可以复制的。

人是会权衡利弊的动物，一旦了解到这种事件和精神是会被组织鼓励的，受到组织的鼓励就意味着会获得更大的影响力和更多的资源，那么大家就会跟随。

人人都想成为自己崇拜的人的样子。所以，在树立榜样这件事上，我们不应该省力，这件事做好了，在组织建设上就会省力。

▶▶**案例**◀◀

这里举一个反面的案例。某家企业有一个销售冠军，同事们聊到她的成功时，不会提及她强大的倾听能力，以及仗义疏财的性格，反而说的是，因为她跟副总关系好，在上一家公司就是上下级关系，所以获得了很多资源的倾斜。这样的信息广泛在公司里传递，凸显出这家公司的文化不是奋斗文化、学习文化，而是裙带关系文化。不明就里的同事们，会认为如果获得不了裙带关系的护佑，就无法获得发展机会。

还有一个案例，也是这家公司的故事。有一个优秀员工想要辞职，明明薪资不错，老板也很信任他，问他辞职的原因，他的回答是，看到老板推崇的人，好像都没什么真本事，断定这家公司没什么前途，所以坚决要离开。

这就是一家企业把焦点放在人身上，而不放在价值观和精神、优秀事件上的弊端。一旦这个人不行，就会产生错误的引导。

我们要让能突破、能执行、有成果的事情和精神，成为公司执行文化的中心，而不是攀比裙带关系，相互之间搞内耗。

▶第三个方法：干起来再说，引发行动的技巧◀

领导者最担心的事情就是，当一个有挑战性的目标定下来之后，人们还是坐在那里一直酝酿，没有行动。

人为什么不行动呢？一个很重要的原因就是完美主义，觉得还不够好，还需要准备，还需要等一等。更深层次的原因是，害怕面对自己没有能力完成这件事的局面，总之，暂时的躲避换来一时的心安——我还没有失败。但最终，这个惊天大秘密会被揭晓，你毫无行动，寸功未进。

面对目标，无论是多么有挑战性的目标，我们都需要加强一个常识——不积跬步，无以至千里，先动起来再说。

没有完美的战略选择，战略是需要在实践中不断打磨和迭代的。所以不要说目标不合理，它本来就是构想，合理性是要在实战中完善的。

但是我们也必须直面人的畏难情绪，人们希望参与到一件伟大的事业中，但是人们抗拒去做自己能力范围之外的事情。如果这件事的难度太大，人们会选择"躺平"和逃避，这就是人性。

那么怎样才能顺着人性来呢？这里提供五个要点，如下图所示。

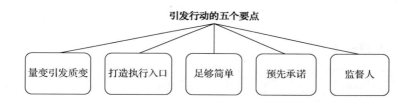

量变引发质变

所有的美好和领先，都需要先有粗糙的量的积累，从而才能有机会达到精通。

我们在执行的过程中，特别害怕有人把个例当作普遍现象。比如，当定下一个目标，有人去做执行，见了一个客户，被拒绝了，他回来就说这事儿做不了。我们也害怕下面这样的情况，有人觉得自己的创业想法可行，为什么呢？因为有人支持他，谁支持他呢？可能就是他的一个亲戚，然后他就真的信了，说这事儿行得通。

以上都有可能是妄念，很多事情都需要通过量的考验。

只有上到一定量，我们才能知道真正的问题在哪里，我们也才能确认，我们的真正价值是什么。

所以，当一个目标定下来之后，先不管对不对，因为你也无法判断，最简单的做法就是执行，疯狂去做量的堆积，当量到一定程度你就会看到真相，该加强什么，该如何迭代，你也会相信你确实可以把这件事做好。

▶▶案例◀◀

宰相必起于州部，猛将必发于卒伍，这其实就是只有量变到一定的程度才能达到质变的有趣的诠释。如果你在量上的经验不够，那么何谈处理更高级别的事情呢？

如果你想写一本书，那么就从日更开始做起；如果你想成为一名销冠，那么就从每天拜访10个客户开始做起；如果你想成为一名钢琴家，那么就先从每天练琴4小时开始做起。

打造执行入口

每天都有几个关键时刻，这些关键时刻你所做出的决定，将会影响你今天一整天的产出，比如早上开工和下午开工的时间。入口是最重要的，它决定了你将会去向哪里。所以在这个环节，仪式感非常重要。

每日个人工作梳理：如果是独立工作者，可以选择在一天开始工作的时候，做一下整体目标的重复和确认，然后回顾一下昨天的成果和不足，再规划一下今天最应该做的三件事，并把它们放进时间盒子（清单）里，如下图所示。

每日个人工作梳理清单

```
┌─────────────────────────────────────┐
│                                     │
│  1.我的整体目标是什么?                │
│  ─────────────────────              │
│  2.为什么这些目标重要?                │
│  ─────────────────────              │
│  3.昨天我拿到了什么成果?              │
│  ─────────────────────              │
│  4.昨天值得改进的是什么?              │
│  ─────────────────────              │
│  5.今天最重要的三件事是什么?          │
│  ─────────────────────              │
│  6.为什么是这三件事?                  │
│  ─────────────────────              │
│  7.今天的关键词是什么?                │
│  ─────────────────────              │
│  8.今天的时间如何分配?                │
│  ─────────────────────              │
│                                     │
└─────────────────────────────────────┘
```

做好这件事，相当于为一段旅行找了向导：你要去的景点是哪里？你为什么要去那些景点？你昨天去了什么景点，效果怎么样？学到了什么？你今天要去哪些景点？时间是怎么安排的？

团队日会：如果是一个团队，"早对齐"这个仪式非常重要，每天早上固定的时间，大家面对面对齐，或者线上对齐也行，确认共同的目标是什么，确认昨天的团队成果，今天的团队作战规划，每个人的任务，需要怎样协作，如下图所示。

团队日会对齐流程

1. 我们的整体目标是什么？
2. 为什么这些目标重要？
3. 昨天我们拿到了什么成果？
4. 昨天值得改进的是什么？
5. 今天最重要的三件事是什么？
6. 为什么是这三件事？
7. 今天的团队关键词是什么？
8. 今天的时间如何分配？

不管是个人工作梳理，还是团队日会，都不需要太长时间。个人一般需要 15 分钟；团队日会，大家需要提前准备，现场每人陈述 2 分钟，确认重点就行。

到下午开工的时候，再来花 3 分钟确认一下：

（1）我是否按照早上的规划在做事？

（2）发生了什么变动？我应该如何应对？

（3）下午最重要的事情是什么？

如果我们一天有 8 小时，也就是 480 分钟都应该集中精力创造价值，那么早上的 10～30 分钟、下午的 3 分钟的入口时间，就花得非常值得。

如果没有这样的反复确认，发散的大脑就会引导我们走到原本并不计划去的景点，导致浪费时间。

▶▶案例◀◀

《掌控习惯》一书里写到一个非常有趣的案例，世界著名的舞蹈家特怀拉·萨普的故事，她把自己的成功归功于简单的日常习惯。

她的每一天都从一个仪式开始，早上五点半醒来，穿上练功服、汗衫，戴上暖腿套和帽子，走出在曼哈顿的家，叫辆出租车，告诉司机去位于 91 街和第一大道交叉口的健美之路健身馆，在那里锻炼两个小时。

这是个极其简单的动作，但是每天早上都以同样的方式去做，就成了一种习惯性动作——使它可以重复，易于做到，减少了偷懒或以不同方式做它的机会。

足够简单

目标都是复杂的，关键问题和优势分析也是复杂的，但是行动无非就那几个，比如目标是考博士，行动就是学习；目标是赚取非常高的利润，行动就是研发产品和做销售；目标是写一本书，行动就是开始写字。

我们都必须意识到，所有的伟大都是由一个个简单的动作构成的。有了这个意识，我们就能把复杂的目标拆解成非常简单的动作单元，然后日拱一卒地去实现。

比如目标是成功售卖 100 个产品，可做如下表所示的拆解。

	行动一	行动二	行动三	行动四	行动五	行动六
产品方面	策划	研发	上市	迭代	迭代	迭代
销售方向	打电话	拜访	深度沟通	客情维护	成交	成交
售后方面	接电话	了解情况	制定解决方案	解决问题	解决问题	解决问题

当我们把动作拆解得足够细的时候，就会发现，其实就那么几个简单的动作，重复去做，累积效果，静待花开。

▶▶案例◀◀

　　某家公司的营销负责人，他策划的活动总是能够引爆全网，行业内的意见领袖都能帮助他发声，普通的"吃瓜"群众也"趋之若鹜"。

　　因为连续几年他给公司做的营销策划，最终结果都非常成功，所以他被升为公司的副总裁，薪水大幅提升，还获得了丰厚的股票收入。大家都觉得这个人一定是天赋异禀，所以能够做到别人做不到的事情。后来大家通过观察发现，其实他并非有什么特异功能，而是有两个关键动作。

第一个动作：借鉴其他公司、其他行业的成功营销案例，做出自己的营销策划方案；

第二个动作：平时广结善缘，以公司平台的名义和资源和各个意见领袖结成私人好友关系，到了他做项目的关键时刻，一个个私下联络，请求对方一定要帮忙站台。

这两个动作达到的效果是，借鉴的案例是领先的，资源也是领先的，综合在一起，就能成功。

虽然能够做到以上两步也不是很容易的事情，但如果是有心之人，也是可以学习的。人和人之间的差别，关键在于是否去做。

预先承诺

我们在第三个基本功中讲到了目标的公开承诺。

承诺这件事不是一劳永逸的，你需要反复承诺，在各个时间单元里，对于该做的事进行承诺。

- 要达到年度目标，你这个季度要做到什么，请承诺；

- 要达到季度目标，你这个月要做到什么，请承诺；

- 要达到月度目标，你这周要做到什么，请承诺；

- 要达到周度目标，你今天要做到什么，请承诺。

需要注意的是，这个承诺不是承受酷刑或者被控制，而是一个人的主动承诺，基于想自我实现、想与组织融合、想获得认可、想获得财富的需求，为了拿到想要的，所以决定进行一系列行动，并公开承诺。给人选择权非常重要。

基于自由意志的承诺机制的好处，在于提前锁定一个人在接下来的时间里，去做该做的事情，而不至于过于发散，最后一事无成，让自己成为受害者。

监督人

这个要素利用的是人性，人总想展示自己好的一面。所以当一个人想做一件事的时候，就把它告知给其他人，当其他人知道后，就会留意这个人到底做了没有。而当事人因为在意其他人的看法，就会更有动力去完成这件事。

在企业里，OKR 共创会就很好地利用了这一点，目标是团队共同制定的，你是有公开承诺的，那么同事们都是你的见证人，都可以督促你实现目标。

▶▶**案例**◀◀

> 2018 年，我准备写我的第一本书，因为当时是第一次写书，没有经验，心里很害怕。我的同事就鼓励我说，你先把这个消息放出去，进行预售，一旦有人买了，你就必须要写了。我记得当时一共有 100 多个朋友买了那本书，因为有这

个监督机制，我后来就把那本书写出来了。

　　于我而言，那本书也是一个非常好的起点，对于第一次写书的人来说，如果没有监督机制，可能永远都不会动笔。

　　如果你想实现你的目标，在一开始就告诉其他人吧。扎克伯格每年都会将自己的目标公布在他的个人社交账号上，这也是一种获得监督的方式。

　　我们也可以利用身边朋友的力量促使我们行动，让他们帮助我们成功吧。

▶第四个方法：即时激励法◀

　　当说到激励的时候，我们想到的是外在激励，其实更能激发一个人的是内在激励。我着重给大家介绍五种有效的内在激励方法，以保证团队里的每一个人，都能长期地保持对目标的激情。

　　要知道，保持对于最重要目标的激情是非常难做到的。因为人脑倾向于即时满足，比如睡懒觉、刷手机，贪恋五光十色的世界，而不愿意辛辛苦苦地沉浸在一件伟大的事情中，因为收获就意味着等待，而等待是反人性的。

　　所以，就伟大的目标制造即时激励的感受，对管理者而言是一种很重要的战术。

接下来，我介绍的这五种方法都可以帮助人们产生即时满足感，从而去做延迟满足感的事情，如下图所示。这种激励还可以互相影响，形成正向的团队文化，帮助整个团队朝着共同目标往前走。

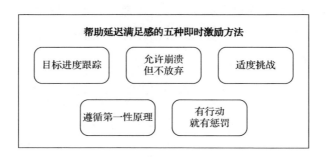

目标进度跟踪

打游戏的时候，进度条会提醒我们战况如何，看足球、篮球比赛的时候，会有比分和倒计时显示赛况和进度，我们会因此产生紧迫感。

其实定下来一个目标之后，对我们而言也是在参与一场游戏。游戏就要有游戏的规则，要显示时间进度、显示战况。

如何进行目标进度跟踪记录呢？最好还是由目标的主胜任人自己来做记录，没有谁比自己更懂自己的进度到底是什么样的。一旦目标变成了别人控制自己的工具，那么它对人的激励作用就会失效。我们始终要把激发人的内在动力，放在提升执行力的首位。

前面我们讲了要做每日个人工作梳理，累积一周之后，你就可以对照着看看，总结一下，你的月度、季度或者年度目标的进度，到底因为你本周的努力取得了多少进步。当人看到自己的努力产生了价值，就会更加投入。这种日拱一卒的感受，会给人带来非常强烈的满足感，从而提升执行力。

而且这样的记录作为原始材料，也能作用于最终目标周期结束后的复盘。

在梳理目标进度的时候，可以参考以下表格。

O	KR	本周实际的成果	目标进度百分比	当前目标状况（红黄绿灯）红灯：警告黄灯：延迟绿灯：顺利	当前所存在的问题，及解决方案分析	下周的策略推进	当前信心指数

这样的目标进度跟踪，本身就是一个帮助个人建立体系的过程，它让人有一种扎根的安全感，同时也能不断推进目标实现，是一个让人变得强大的过程。这样的目标进度跟踪，还可以用于团队周会，帮助大家了解整体的进度和协同方的进度，强化以目

标为导向、直面问题、坦诚清晰的团队文化。

允许崩溃但不放弃

"定目标""建共识"是激动人心的智力游戏，但在执行的时候，我们就变成了"种田的老农民"了，呵护着自己领回来的心爱的种子，每天浇水、施肥、除草，一点点看着这颗种子茁壮成长。但"老农民"毕竟是人，也会有状态不好的时候，一旦遭遇到这样的情况，有可能这个目标就得被晾上一两天没人管。我们也要尊重人性，如果确实情况不允许，执行可以中断一次，但要马上接上，继续呵护这个目标的生长。

当你状态不好的时候，你还在努力培育自己的目标，最被激励的人就是自己。"原来我是一个这样靠谱的人，我能说到做到，我会百分之百地相信自己。"

▶▶**案例**◀◀

2022 年 10 月，我定下了早起的目标，并在朋友圈公开承诺，要养成每天 6 点起床的生活习惯。为了激励自己，每天起床后我会在朋友圈发一个早起打卡。

但有时候我会出差，到了外地，6 点起床的生活习惯很难坚持，比如有时候会工作到很晚，那么还要坚持早上 6 点起床吗？最后我的决定是即便在外地，工作也需要井井有条，不能因为换了环境就有所松懈。

为了继续坚持6点起床，我在服务客户的流程上也严谨了很多：第一，确保都是有效动作，避免拼凑和无效拖延；第二，需要考虑客户的作息，避免耗时太长，有的交付场景尽可能早点结束。

当我在任何场景都能坚持早起之后，我更加确认自己是一个对自己言而有信的人，我也更加相信自己也可以对别人言而有信。

在制定目标的时候，目标是从哪里推导出来的？是从我要成为一个什么样的人推导出来的。如果我持续践行自己的目标，就会使自己相信自己——我就是这样的人。那么之后无论遇到任何问题，我都不会放弃。这就是一种自我激励。

如果说一次崩溃就放弃，就开始走螺旋下降的路线，人就很容易走回原点，前功尽弃。

我们也会看到一些人，早期比较精进，但因为一次打击他就放弃了、不精进了。这样的人是令人遗憾的，因为他浪费的是自己的时间。

适度挑战

我们前面说，再伟大的事情都是由一件件小事累积成的。如果我们接受了这样的理论，就会愿意等待，愿意做琐碎的事情。但还有一点我们需要注意，要警惕倦怠感。

有时候目标的生长有平台期，也就是说你每天都很努力，但是依然看不到任何成效，因为最重要的成果，都是需要等待的。那么，如何才能让自己始终保有激情呢？那就是始终保持"适度挑战"的状态。人的大脑喜欢挑战，喜欢紧迫感，当在限定的时间内，要完成一件必须要完成的、有点难度的任务时，大脑就会兴奋起来。

▶▶案例◀◀

> 字节跳动的创始人张一鸣曾说："每天早上问一问自己，还可以发生一点什么不可能的事情。"我们可以做的就是，每天问一下自己："今天我可以去挑战一点什么？"通过这样的挑战设定，大脑会变得兴奋，进而抵消倦怠感，保持执行力。挑战本身，就是奖励。

遵循第一性原理

执行并不是一成不变的过程，执行是使我们的目标变为现实，甚至将目标变得更好的过程。始终保持自我觉察也是一种激励自己的办法。

目标和策略都是使我们成为想要成为的人或组织的方式，并不是最终的目的。那么，在执行过程中，我们需要定期问一问自己：

- 我现在做的事情，有让自己变得更好吗？
- 我们现在做的事情，有让组织变得更好吗？
- 在当前的情况下，做什么能够让自己变得更好？
- 在当前的情况下，做什么能够让组织变得更好？

这样的执行才有意义，才会让你有成就感，而不是当一个按部就班的工具人。

遵循第一性原理，保持对于意义感的觉察，是对于自我和组织的激励。

▶▶**案例**◀◀

我们来看某位创业者的心声。他名校毕业，从小到大都很优秀，他说他的人生一路走来，都在争取第一名。创业之后，又在追求上市，追求成为行业第一。后来有一天他觉悟了，这样的人生太卷了，以打败别人为目标，只能自己当第一，等到自己当了第一以后，才发现其实也是索然无味的。而且当了第一以后，继续干什么呢？继续定一个当更大的第一的目标？

对于自己来说，什么是最有意义的？只有自己才能给出答案，如果你在做自己觉得有意义的事情，你会觉得激情满满。

有行动就有惩罚

如果想提高士气，最有效的方式就是奖惩鲜明。

每一次的目标周会都是庆功会，团队为每一个小的胜利而庆功。目标周会的过程就是奖励。

有成绩要庆功，同理可得，有问题就要暴露出来，有延迟和警戒也要暴露出来。人都希望展示自己最好的一面，这种奖惩严明的做法，也会使人趋利避害，争取更好的表现，激发个人和团队的潜力。

惩罚分为两种，一种是自我设置的，另一种是组织设置的。

自我设置的惩罚：如果你没有按照自己设定的进度完成目标，该去施肥的时候你却去玩了，那么你的自我惩罚是什么呢？比如拖稿严重的世界大文豪雨果，他很喜欢参与社交活动，导致他拖出版社稿子的时间太长了，于是他设置了一个自我惩罚措施，就是把所有的华服都锁起来，让自己不能出门，只能在家写稿子。

对个人的惩罚措施最好来自自我设置，因为只有自己才知道自己的潜力和需求在哪里，自我管理始终是第一位的。

组织设置的惩罚：组织的惩罚措施就是组织规则了，跟个人激励不一样的是组织的惩罚执法必须严明，要有法可依。在定目标的时候，我们就要约定：为了达成这个目标，我们必须遵循什么原则；符合什么原则，我们应该奖励什么；什么是我们的红线。我们应该通过共创机制，把鼓励的和不鼓励的都达成共识。

比如隐瞒问题、不协同共同目标的达成、部门涣散、在大家一起追求目标的过程中传播负面信息等行为都需要暴露出来，共同讨论如何解决，并给予相应的惩罚。

这样做的好处就是，会让以目标为导向的人相信这个组织会持续向好，我们都打算好好干一场，所以可以信任。

行动指南

来梳理一个提升你的执行力的落地计划吧，这个表格就相当于种子培育计划表，当目标定下来之后，就是建系统，并始终做最重要、最正确的事情，然后等待，熬过平台期，直到你收获的那一天。

你的墓志铭/你想成为的人	
你的三年目标	
你的年度目标	年度 OKR： 为什么这个目标如此重要 _ _ _ _ _ _ _ _ _ _ _ _ 做不到的惩罚是什么 _ _ _ _ _ _ _ _ _ _ _ _ _ 做到了的奖励是什么 _ _ _ _ _ _ _ _ _ _ _ _
你的季度目标	季度 OKR： 做不到的惩罚是什么 _ _ _ _ _ _ _ _ _ _ _ _ _ 做到了的奖励是什么 _ _ _ _ _ _ _ _ _ _ _ _

你的月度目标： 如何验证你本月的成功 为什么是这些 做不到你会给自己的惩罚是什么 做到的奖励是什么	第一周规划与验收	第二周规划与验收	第三周规划与验收	第四周规划与验收		
本周规划： 如何验证你本周的成功 做不到的惩罚是什么 做到的奖励是什么	周一	周二	周三	周四	周五	周六	周日

今日规划： 如何验证你今天的成功 为什么是这些 今天的关键词是什么

第五个基本功：
盘根因

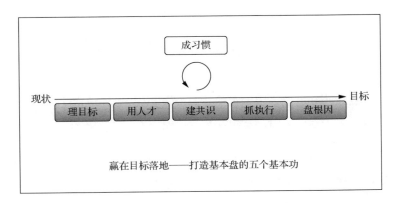

成习惯

现状 ——— 理目标 用人才 建共识 抓执行 盘根因 ——▶ 目标

赢在目标落地——打造基本盘的五个基本功

每一个目标都是有生命周期的，一件事情从起心动念，到建立团队，再到共创共识，执行落地，最终到了周期末端，我们就需要给这个目标进行闭环。闭环很重要，它意味着这件事的时间边界，没有时间边界的目标很难出效果。

当目标制定出来之后，我们就应该意识到，前面会有不断地复盘在等着我们。为什么是不断地复盘呢？复盘有两个维度：

第一，是事情的终止日期，比如你定的是月度目标或者年度目标，那么到了终止日期，就应该留出一两天时间来给自己做个复盘。

第二，是时间的维度，事情虽然还没有到终止日期，但是今天结束了，本周结束了，这个月结束了，我们应该来盘一盘，到底目标进展如何，需不需要纠偏。

> 未经审视的人生不值得度过。——苏格拉底

复盘非常重要，因为盘的是一个人和一个组织的指挥系统，如果一个人和一个组织的指挥系统的版本非常低，效能很差，就不能指望它指出好的方向来。如果一个人和一个组织的指挥系统能够根据外界的情况和自身的属性，进行自我训练和高效迭代，那么可想而知，这个人和这个组织的能量会越来越强大，能创造的价值也会越来越大。

不是所有结果都是美好的

可惜的是,很多人和组织要么不会复盘,要么不够重视复盘。我从以下四个维度来说说,没有复盘和低质量复盘的表征,以及会带来的连锁反应。

第一,没有结果的结果

这个很好理解,就是一个人和一个组织没有闭环的习惯,起的时候风风火火,然后就没有后续了,虽然每年都制定年度目标,但从来不复盘。

团队里的很多成员都过得恍恍惚惚。他们的口头禅是"还是别定目标了,反正目标总是会变的",但是却从不思考:为什么目标一直会变呢?我们拿什么去应对变化呢?

有一句话叫作,有的人走着走着就失踪了。当时代发生了变化,如果个人没有觉悟,跟不上、学不会,就会被时代淘汰,最终,你再也见不到他。

组织也是一样,定了目标之后,如果没有复盘机制及时纠偏,每个人每天都会有新想法,走着走着就跑偏了,大家开始怨天尤人,觉得是协同部门的问题,是领导层的问题,但就是没有这么一个机制,让大家坐下来,一起想一想到底问题出在哪里。

所以在定了目标和行动之后，如果最后不能给出一个结果，这是非常糟糕的，这时个人和组织彼此都没有交代。即便失败，我们也应该知道到底"死"在哪里。只有知道了这个，我们才有重新出发的机会。

第二，没有价值的结果

这个比上一种情况好一些，就是会有意识地进行复盘和总结，但是没有做复盘的方法论和技巧。有的公司的复盘就是流水账，一般就是复盘格式四步走：回顾过去、说一下成绩、再说一下不足、然后展望未来。说成绩的时候，找各种犄角旮旯跟总体目标丝毫不相关的事情进行展示，想搏一个没有功劳也有苦劳的评价；说不足的时候，就会非常强调外部的因素，不是自己不努力，而是实在没办法；展望未来的时候，假大空，比如会说未来要注重学习、提升自我等这样没有办法验证，也很难去指导实操的话。总体来说就是走个流程，让老板看一看。

说实话，老板也听得想睡觉，但是没有办法，这个形式必须走，他也担心大家说他做事不闭环。另外，以此为抓手评价大家的工作，总比没有抓手强。

最终，这样的复盘形式大于内容，大家也非常害怕开这样的会，生怕被抓住小辫子。另外这样的复盘枯燥无味，大家都在低头看手机和电脑，没有几个真正聆听的人。

某家公司在全国各地都设有办公地点，为了加强大家与总部的联络，公司规定每个季度各分公司的管理层都必须回到总部开季度会。大家经常吐槽害怕开季度会，毫无用处不说，都是一些假大空的言论，大家还得牺牲周末从四面八方赶过来开这个会。

第三，难辨真伪的结果

我曾经听一个管理者说，目标复盘的时候，你也不知道团队成员说的是真是假，难以辩证。那么人为什么会说假话呢？其实当事人也不觉得自己说的是假话，他靠着自己的脑袋一边回忆，一边想象，然后总结出一份复盘报告。如果你怀疑他，那就会激怒对方，最终不欢而散。

这种情况就属于没能掌握复盘的本质及逻辑，缺少了一些关键节点的信息补充，复盘是无法进行的。就像建房子需要沙子、砖块，还需要有四梁八柱的支撑一样，没有这些，可以用纸糊个房子，但终究是假房子。那么浮于表面的复盘之后，到底该怎么论功行赏呢？既然真伪难辨，那就是会哭的孩子有奶喝。所以很多企业都有一本糊涂账，一层层包裹，大家都在演戏，没人知道真相是什么，大家都是梦游娃娃，直到团队分崩离析的那一天到来。

第四，产生离心力的结果

复盘的价值是成长，是自我赋能，更是相互复盘。但是如果不能基于结构、事实和原则进行复盘，尤其是当结果不尽如人意的时候，大家就会互相甩锅，认为"我已经仁至义尽了，我的团队我带得很好。问题当然在对方身上，凡是不跟我统一战线的都有问题"。

指责一定会带来负面情绪，负面情绪处理不好就会激化矛盾，最终导致不良决策。比如高筑部门墙，谢绝合作，各人自扫门前雪。大家虽然是一个团队，但是各干各的，老死不相往来。最终导致的结果就是在团队规模比较小的时候气氛还好，老板凭借自己的气场和能量还能当个和事佬；等到团队规模变大，团队文化被稀释，即便有好的业务，团队也无法承载相应的责任，最终必然会崩盘。

▶▶**案例**◀◀

在 2016 年前后，珠三角某家企业因为抓住了行业的风口，趁势而上成了该城市的代表企业，同时顺利上市，股价一路飙升。该企业老板也是头一回遇到这种情况，觉得可以借势起舞，于是制订了扩张计划，团队规模快速从 200 人扩张至 3000 人。

但是扩张的团队并没有带来好的业绩成果，支出持续产生，收入却少得可怜，就在大家以为要做调整的时候，某高管还在这个节骨眼抛售股票，一举套现获利数千万元。最终发展不良的信息被公开报道，高管套现的行为也被大众理解为想要弃船跑路，其他团队成员纷纷私底下指责老板的决策昏聩，看人不准。

按理说，该企业在行业里积累的资源、技术优势及账面上的现金储备，是可以应对调整的，但是大家没有好好议事，没有以目标为导向的习惯。过去的发展成果90%都是因为行业红利，团队的基本功是不扎实的，一遇到问题阵型就乱了。每次开复盘会均以互相指责为主，这不断坚定了大家想要离开的心，毕竟谁也不想跟不好的事情沾边儿。

只有团队从外部驱动变为内部驱动的时候，这个组织才会变得强大，说了这么多无效复盘的现象，我们再来看一看，复盘的本质是什么。

复盘的本质——进化你的指挥系统

要做好复盘，我们必须面对现实——只有当你自身足够强大的时候，你才能感受到这个世界的美好。那么，如何强大？就是进化。

总是呈现出一种打开而非封闭的状态，根据外界的变化进行审时度势，利用不变的力量去对抗变化，实现进化，最终跟上时代，你就能获得资源、获得自由、获得强大，实现内心的平和。

什么叫作不变的力量？

第一，进化是永远不会变化的主题，自然和社会宏观环境必然会一直变化，要想活得好，蛇必须要蜕皮，而人必须要蜕变。

第二，遵循事物发展的规律，这个世界和社会的运作，是有规律可循的，我们顺势而为，就会顺风顺水，逆势而行，就会千难万难。

第三，你必须找到自己的基本盘，然后变得强大。

所以复盘的本质是什么？就是找到认知的盲区和误区，从旧有模式里走出来，找到当前的关键问题并进行分析，以此为基础制定解决方案，最后付诸行动的过程。

这个过程是痛苦的，人的思想必须发生"化学反应"，要自己把自己变成新物种。就像炼金子一样，一定要经过烈火考验，尽管金子在被冶炼的过程中是痛苦的，但结果是金子变得金光闪闪。

为了护航这个过程，我们需要遵循五个原则，如下图所示。

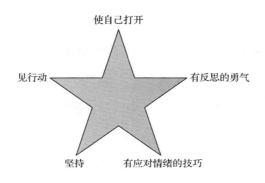

使自己打开

见行动

有反思的勇气

坚持

有应对情绪的技巧

第一，使自己呈现出一种打开的状态

每一次复盘，都从自我出发，而不是找别人的原因。

不管我们交了多少优秀的朋友，他们有多少优秀的品质，看了多少优秀的书，如果这些内容不能跟我们自身产生关系并发生化学反应，那么也是无益的。

不管身处多么艰难的环境，我们唯一可以掌控的就是我们自己，当我们由内而外产生一股力量的时候，即便在蛮荒的处境里我们也能开出自己的花来。

复盘是找答案、找谜底的过程，答案和谜底从哪里来？从自身中来。

如何才能从自身找到答案呢？这是一个训练的过程，你不自傲不卑怯，相信自己的身上有答案，所以敢于琢磨自己，既不恐惧会无功而返，也不恐惧照见"丑陋"的自己。

即便过去的自己是"丑陋"的,那又怎么样呢?那是过去时,我们要尽可能地打开,让阳光照射进来,照到自己的盲区,让雨露滋润干涸的地方。只有打开自己,放下过去和历史包袱,始终相信自己有美好的未来,新的发现和好运气才会有机会光临你。

如何打开呢?以你的基本盘和目标为据点,只要基本盘和目标能够不断迭代和优化,你一定会越来越好,要有这个自信。

那么就放下小我,走出舒适区。被指责、被误解算得了什么?当下是不是在做该做之事,未来是不是更加美好,这些更为重要。

▶▶**案例**◀◀

> 某公司的高管说,如何检验自己每次复盘的效果,就看这次复盘时自己的衬衫有没有汗湿。还有管理者说,每次双月复盘的前夜,自己都很难睡一个好觉,因为非常焦虑。

第二,要有反思的勇气,而不是"闭关锁国",得过且过

反思需要有勇气。为什么呢?因为反思要跳出原有的思考框架,去思考自己。

但要做到这样是很难的,因为人有兽性、人性和神性。兽性就是应激反应,能够很好地帮助我们警觉周围的危险因素,从而保护自己，一旦有挑战，要么逃走，要么汗毛竖起来，进入战斗模式，总之就是要进行自我保护。

如果不能驾驭好这层兽性，用好自己的人性，把自己当人看，我们就不会愿意打开自己，就没有机会进入反思状态，就无法查看自己的问题所在。复盘的前提就是要把自己的人性释放出来，能够理性地看待自我。

反思意味着你要变成两个人，并以其中一个人的视角观察另一个人，然后恍然大悟："哦，原来问题出在那里！"这意味着兽性的自己失去了主导控制权。

自我革命的意思是"人性的自我要越来越强大，占据主导地位；兽性的自我要受到人性的控制，收放自如，最终通过不断地训练，达到神性的状态"。孔子说"七十而从心所欲不逾矩"，意思是七十岁就能随心所欲而不越出规矩，这就是神性的状态。事实上，如果加以训练，这种状态不需要等到七十岁，人就可以率性而为了。

一切围绕最终目的，而不是被表象、手段和假动作绑架。

能够反思的人很少，然而人一旦进入反思的境界，能量就会增强，就会变得强大。

如何才能进入反思的境界？当兽性的你已经穷途末路，再也救不了你了，这个时候，你只能置之死地而后生，从人的角度去思考——我究竟该怎么办？当你不再向外求，开始问自己的时候，一扇新的大门就打开了。

如果被人揭下面具是一种失败，那么自己揭下面具则是一种胜利。——雨果

第三，要有应对情绪的技巧

当你开始反思了，恭喜你进入人生新的旅程。

新的旅程并不都是一帆风顺的，就跟玄奘西天取经一样，会有九九八十一难等着你。

当遇到跟预期不相符的情况时，你会失望低落；当受到褒奖时，不管是不是事实，你都会抑制不住地开心。这些情绪就像一个个妖怪，来验证你是否真的走上了自我精进之路。如果处理不当，你就会被这些情绪拖住，陷入自我诋毁的怪圈；或者被情绪带着走，做出不良决策。

那么该怎么办呢？首先，记录你的情绪，把情绪当作客体。然后在情绪来的时候，记录因为什么而产生了情绪，你的应对方式是什么。接着，审视你的情绪。情绪的背后都是你的某个认知，这个认知是什么？这个认知是正确的吗？如果不是，那么什么才是正确的认知？就这样，你进入了复盘之路。

▶▶案例◀◀

情绪化是目标导向的大敌，尤其是，一个创业者如果情绪化，对团队而言是很糟糕的示范。

张一鸣是如何做的呢？他会记录影响自己心情的事情类型、心情恢复的时间，根据记录来总结办法，提高自身免疫力，直至彻底免疫。今日头条的多名在职、离职的员工一致认为张一鸣脾气好极了，是真的好，不是压抑着自己，而是真的谦谦君子。他不凶人，也不刻薄地批评人，即使极不满意，也只是温和地说理、温和地鼓励。

无论是情绪，还是过去的失败与成功，经历的种种人和事，这些都不应该成为我们不能往前走的替罪羊。也不能因为情绪而自我诋毁，觉得自己怎么会有这么多缺点，进而贬损自己。

放下、顿悟，让情绪静静地来，然后静静地走，我们时刻关注当下应该做什么，这才有利于我们的基本盘打造。这才是唯一的亮光，寻着这道亮光走，我们一定会不虚此行。

第四，要坚持

复盘不是一日之功，只有长期坚持复盘，好的习惯、好的方法才能一步步"长"到自己的身上。实现目标的过程需要通过复盘不断加养分。今天、本周、本月我做对了什么？做错了什么？有没有骄傲和卑怯？我得到了哪些经验和教训？

甚至复盘要时时进行，要时刻对自己进行360度无死角观摩、挖掘和塑造。

培养一棵速成的树，不需要多少时间和耐心，一两年就长成了，但它的材质不堪大用。而要真正培养一名栋梁之材，不仅需要"阳光和雨露"，还需要有耐心，甚至等待百年时间。

我们要把培养下一代的精神，放到培养自己身上。

每一次对自己的复盘，都是在给自己加养分。

每一次对组织的复盘，都是在给这个组织加养分。

第五，要见行动

本书介绍了OKR，这个工具的妙处就是站在未来思考现在应该做什么。通过对未来的承诺，锁定自己在未来一段时间内，应该做的事情和所要产出的成果。

那么复盘也应该是从结果入手的。首先，我们要来看到底有没有完成当时的承诺。如果没有，那么过程中发生了哪些事？有什么样的阻碍点？为解决这些阻碍点，我们做了什么？真正的问题是什么？再回到我们当初的起心动念上，我们当时的决策有什么问题？有哪些地方没有考虑周全？

接下来我们应该怎么办呢？就要落到具体的行动计划上。

复盘不是纯思考，而是从行动中来，到行动中去，而且证据要非常充分，不是主观臆断，要为下一轮的行动决策提供充分的依据。

如何验证一场复盘的成功？那就是新一轮行动见到了效果，用结果闭环了整个流程。如果不能见到行动成果，复盘就只是纸上谈兵，就只是"自嗨"。

▶▶案例◀◀

> 很多企业都会开批评与自我批评会，还会开头脑风暴会。开会的时候大家痛哭流涕，发誓要改过自新，都觉得之前的状态不行。但是开完会，就没有了行动的落地与追踪。久而久之，大家也不愿意开这种会，因为没有用，人还是原来的人，水平还是原来的水平。长此以往，会非常影响大家的士气。因为大家看不到个人和组织有变得更好的能力和迹象。

复盘完成后我们的输出物是什么？最好就是用 OKR 承接行动指南。然后用抓执行的三个原则、四个方法跟进，动态调整策略，从而拿到结果。

盘根因的两条路线

复盘，首先是个人的复盘，其次才是组织的复盘。组织的复盘，最终又会给个人的复盘补充信息。

如果说个体没有觉悟，觉得自身没有问题，都在找别人的原因，那么即便集体复盘出来的东西可以让组织发生一些变化，但因为组织和个人不能达到同频的状态，就会导致虽然事情在往前推进，人却并没有觉得越来越自由、强大和平和，反而随着事情的发展，大家的消化能力和应对能力会受到更大的挑战。

所以复盘肯定是要从个人入手的。当个人的能量强大起来，事情就有了附着之地。在推进过程中，人和事就能同频往前发展，大家才会愿意敞开心扉说真话、聊真问题，愿意全力以赴地集中到一起解决问题。

▶个人成功复盘的关键要素◀

个人复盘有四个要素，把这四个要素利用好了就能够持续地、综合地认识自己、打磨自己、迭代自己。那么，这四个要素是什么呢？如下图所示。

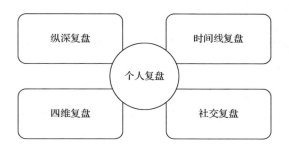

1. 纵深复盘

所谓纵深复盘，就是深挖自己。复盘就是找答案、找谜底，那么线索一定要翔实，不能有遗漏，分析一定要彻底、要科学，要找到真问题并制定好解决方案，最终得出有价值的成果。

要做好个人纵深复盘，有六个关键节点一定要抓住，如下图所示。

日常记录　反思觉察　探寻真因　回归关键问题　制定解决方案　执行拿结果

第一个节点：日常记录

想要做好复盘，就要在进入日规划执行的时候，将当天的时间进行模块划分，将所规划的大事放到时间模块里去。然后每过两个小时，做以下记录：

（1）我刚刚做了什么？

（2）我遇到了什么人？与他们发生了哪些交集？

（3）产生了什么成果？

（4）我的情绪是否有波动，波动的原因是什么？

以下表格非常实用，可用于每天的规划。但要注意任务数量不要超过三个，超过三个就会失焦。关键词是指你今天的办事原则是什么？哪一个原则会让你今天更加高效？比如聚焦、投入、慢就是快、稳、活在当下、承受压力等原则。把自己的计划填进表格里。时间模块可以按照你的作息来做调整，我的表格是按照早上 5 点起、晚上 9 点睡的作息来做的切割。

今日关键任务 任务一：_____ 任务二：_____ 任务三：_____ 今日关键词：__	5—7 点	7—9 点	9—12 点	12—14 点	14—18 点	18—21 点

这样记录下来，你一天所经历的事情就会像一张藏宝图一样展现在你面前，它们不是流水账，而是对生活和工作的深度感受和提炼。如果用一条线将这些事情串起来，就会看到起起伏伏像心电图一样。

这就是一个真正认识自己的好方法。

人要是不照镜子，永远不知道自己长什么样子。

人要是不记录自己，就不知道自己真正的性格是什么样。

很多牛人和大佬都有记录自我的习惯，比如张一鸣，他会记录下自己的决策和情绪，把自己的时间拆解成模块进行管理，曾国藩也会记录自己的日常。没有记录就没有复盘的原始材料，我们不能完全依赖大脑，大脑的记忆功能并不好。

第二个节点：反思觉察

记录是复盘的重中之重，没有记录就没有复盘，有了记录我们就有了"破案"的材料。

我们会发现一件稀松平常的事的背后，可能就是我们的认知盲区。比如，为什么在遇到同一类事情的时候，我们总是会愤怒。如果一种坏情绪、一个思维卡点持续出现而没有被解决，那么就值得我们停下来深挖，思考到底漏洞在哪里。

比如，为什么你总是跟某位同事对抗？你在对抗什么？为什么你一听到下属说某件事情，你就暴跳如雷？你在生气什么？为什么持续生气？而这件事又一直存在，你又在逃避什么呢？为什么会产生逃避的现象呢？

为什么你见某个人会骄傲自大，见另一个人却会卑微胆怯？按理说人和人都是平等的，究竟是什么造成了你的优越感或卑微感？这都是反思的入口。

能够带来进化的才是有效复盘，没有带来进化的是形式主义的流水账。抓住这个点并以此为抓手，让自己走上攀登的楼梯，持续往上。需要注意的是，反思不是迁怒于别人，我们不能总是觉得成功是因为自己伟大，而失败总是因为"猪队友"和环境变化。每一个卡点都要先从自己身上下功夫、找答案，这样我们才能有解决问题的可行性。

所谓的反思，就是思考自己的思考，你为什么会这么思考问题？站在自己的旁边看自己，一个人分身成两个人。

第三个节点：探寻真因

当抓住自己的思维漏洞之后，我们就可以实施追问法，一直问下去，直至挖到底部。

什么叫作追问法？比如 5Why 分析法，它从一个现象切入，问 5 个为什么，直到找到真正的原因。追问法不限于问 5 个为什么，而是要持续不断地扩展问题。

▶▶案例◀◀

现象：同事对你的项目的点评，让你觉得很刺耳，你很想反击，想要打败对方。

追问1：为什么你的情绪会被他影响呢？

回答：因为事实上，我对于这个项目也不是那么有信心，所以，一旦被利益的对立面针锋相对，我就会觉得愤怒，因为他说的是事实。

追问2：那么你为什么对这个项目也没有信心呢？

回答：因为我了解的信息不多，执行也不够充分，有些事情还需要时间的发酵。

追问3：那么为了让自己对这件事有信心，你做了什么呢？

回答：我拉了用户群，不断跟用户沟通，让团队开发了产品，也跟一些用户进行了购买意向沟通，还聊了一些合作，持续往前推进。

追问4：为什么做了这么多，你还是感觉没有信心呢？

回答：我认为还是没有触及本质。

追问5：本质是什么？

回答：本质是针对什么需求解决什么问题，我用来解决问题的产品和服务能不能在实际中站住脚，如果不能，以上工作都是低水平重复。

追问 6：对这个项目你的目标是什么？

回答：做成受用户信赖的有口皆碑的产品和服务，能够实现规模化，让自己真正成为有根基的人。

其实还可以追问下去，比如：

追问 7：为什么之前你没有想到这些呢？

追问 8：是什么原因导致你一直低水平重复呢？

有时候我们的认知盲区及旧有的、低效的思维方式，有可能继承于原生家庭，而我们的父母也是从他们的父母那里继承下来的，这些是可以世袭的。因此我们对自己的追问，也可以说是在挖自己的"思维祖坟"。

第四个节点：回归关键问题

记录能让我们看到现象，能让我们反思觉察，能让我们思考自己的思维方式，找到思维漏洞。探寻真因，能让我们直达认知的底部，找到一直失败的根本原因。"破案"破了这么久，我们终于知道真正的作案人员是谁了，接下来我们就要把关键问题找出来。

比如前文提到的案例，如果不深入挖掘对同事的点评感到生气的原因，最后可能导致的行为是从此以后与这个同事不再来往，或者想办法报复，同事会无辜地成为我们自己认知缺陷的替罪羊。

如何还击我的同事？这是一个假问题。同事只是一个诱因而已，如果把诱因当作关键问题，就会导致错误的决策和行动，比如拉帮结派或者去学沟通课。沟通课虽然很好，但不适用于解决你面临的问题。

如何打造一款深入人心的产品和服务？这才是一个真问题。围绕这个真问题进行建设，你才会升值，你的路才能越走越宽。

在探寻真因之后，我们不能让这个关键问题散在那里，一定要让它浮出水面。

由关键问题驱动的人生是畅快的，因为问题就是机遇。有一句话叫作"没有困难，创造困难也要上"。这个"困难"就是指关键问题，抓住主要矛盾，实现人生的跃迁。

▶▶案例◀◀

某公司自诞生之日起就是行业里的翘楚，表现在产品和服务的客户满意度高，产品领先性很强。团队规模迅速从十几人，不断增长到百人、数百人、几千人。公司内部也践行了很多工作方法，比如复盘、OKR 等，但问及他们公司最核心的方法论时，老板说："最核心的方法论是关键问题驱动。如果没有这个，其他的方法是运转不起来的。"

所有错综复杂的局面，都可以通过找到关键问题来破解。

第五个节点：制定解决方案

找到了关键问题，就要制定相应的解决方案。比如关键问题"如何打造深入人心的产品和服务？"这个问题为什么重要？因为只有产品和服务被大量用户追捧，主胜任人的人生价值才能得以实现，他也能收获精神和物质财富，让自己的人生有根基。

如果用 OKR 的结构，这个关键问题的 O 则是通过打造受用户欢迎的产品，建立自己的人生根基。

接下来，就要用行动来做闭环。为了把这个产品打造出来，你需要做到哪些维度的关键结果？从市场调研，到产品的 MVP 测试，到团队的打造，再到商业化的闭环，可以按照自己对于商业和产品的理解，去制定可落地的方案。

第六个节点：执行拿结果

复盘是以成果为导向的，没有成果的事情不要做，这只会浪费自己的时间。复盘不是"自嗨"，而是刀刀见血的思考与执行。不以解决问题、拿到结果为目的的复盘都是"耍流氓"。那么，如何执行拿结果呢？方法详见本书中的第四个基本功。最终我们要设定时间线，时间紧、任务重的状态是最容易出成果的。通过拿到结果的过程，让自己看到自己的进步。

2. 时间线复盘

一般来说，最能落地的行动指南来自月度目标清单。月度目标清单承接的是季度/双月的 OKR，季度/双月的 OKR 来自年度的 OKR，年度的 OKR 承接着战略方向。月度目标清单再往下拆，就是周度行动计划和每日工作清单。

我们说，复盘不是一劳永逸的，就跟我们保养车一样，你用得精、用得爱惜、保养得频繁，你的车况就会好。而我们的复盘，会让我们越来越好，所以我们不能偷懒，应该持续复盘。

每日复盘汇集成周度复盘，周度复盘汇集成月度复盘，月度复盘汇集成季度/双月复盘，季度复盘最终就是我们年度复盘的素材。各个时间线的复盘，各个节点的关注重点都不一样。

每日复盘的关键点

每日复盘需要选一个独处的时间，比如夜深人静的时候。有早起习惯的人，也可以在早上大家都在酣睡的时候，一个人爬起来复盘。一定要选一个安静的环境，然后去审视你昨天的日规划是否达成，拿到了什么成果，没有达成是为什么。然后再去查看你的记录，看看每一个时间模块究竟发生了什么，圈出重点部分。

每日复盘的重点在于：

第一，任务执行到位了没有。只有每天都把时间花在刀刃上，我们的目标才能得以实现。

第二，觉察自己情绪背后的东西，总结自己的认知障碍。

第三，强化行动，察觉到自己的行动有欠账，要赶紧补上。

第四，自我鼓励，如果取得了收获，要给自己一个奖励，这个可以用自评分的方式展现。当看到分数的时候，人的满足感就会得到确认。

每日复盘的格式如下表所示。

今日关键任务	5—7 点	7—9 点	9—12 点	12—14 点	14—18 点	18—21 点
任务一：＿＿＿＿＿＿						
任务二：＿＿＿＿＿＿						
任务三：＿＿＿＿＿＿						
今日关键词：＿＿＿						

今日复盘

今日我拿到了什么成果？

成果一：＿＿＿＿＿＿＿＿＿＿＿＿＿＿＿＿＿＿＿＿＿＿＿＿

成果二：＿＿＿＿＿＿＿＿＿＿＿＿＿＿＿＿＿＿＿＿＿＿＿＿

成果三：＿＿＿＿＿＿＿＿＿＿＿＿＿＿＿＿＿＿＿＿＿＿＿＿

受到了哪些挑战？背后的根因是什么？

挑战一：＿＿＿＿＿＿＿＿＿＿＿＿＿＿＿＿＿＿＿＿＿＿＿＿

挑战二：＿＿＿＿＿＿＿＿＿＿＿＿＿＿＿＿＿＿＿＿＿＿＿＿

挑战三：＿＿＿＿＿＿＿＿＿＿＿＿＿＿＿＿＿＿＿＿＿＿＿＿

如果今天再来一次，我会怎么过？

行动一：＿＿＿＿＿＿＿＿＿＿＿＿＿＿＿＿＿＿＿＿＿＿＿＿

行动二：＿＿＿＿＿＿＿＿＿＿＿＿＿＿＿＿＿＿＿＿＿＿＿＿

行动三：＿＿＿＿＿＿＿＿＿＿＿＿＿＿＿＿＿＿＿＿＿＿＿＿

今日自评分：＿＿＿分

（评分标准：0 分，毫无进展，失败的一天；3 分，做了点事，但是比较涣散；5 分，及格的一天；7 分，有突破的一天；10 分，完美的一天，成功的刻骨铭心的一天。）

有一个大企业的高管，她的能量感和解决问题的能力非
常强，所以职业生涯一路高歌。有一次她在学习复盘时说，
很喜欢学习这个，因为她从小就爱复盘。她在很小的时候，
每天睡觉前就会像过电影一样，把当天所遇到的所有人和事
都在脑子里过一遍，然后思考哪里是好的，哪里是不够好的。
她说，复盘的好处就是你已经知道了结局，所以你更有优势
去重新设计剧情，从而演好第二天的戏。

人生如戏，戏如人生，做好每日复盘是很有必要的。

每周复盘关键点

每周复盘要从周度计划的完成度切入，周初我们定的任务项
到底有没有得到有效推进？有没有拿到预期结果？

我们制定的年度目标一定是有挑战性的，可一年的执行时间
是确定的，就是 52 周。这 52 周抓住了就会有成果，这 52 周没有
抓住，我们就是在用一年时间验证自己的失败。

所以，每周复盘是非常关键的。确认月度任务是否有进度，
红黄绿灯是否正常。用颜色标识的好处就是结论非常醒目，让人
一目了然（周度跟进的表格在第四个基本功的第四个方法里有呈
现）。每周复盘确认本身也是一种自我激励的方式。

除了对任务的验收，每周复盘的内容还来自每日复盘的内容。你可以选择在周一的早上、周日的早上或晚上进行每周复盘。

可以总结一下本周完成了哪几件大事，通过记录和情绪观察获得了什么新认知，强化了哪些原则。当我们回顾一周每天所总结的内容时，会产生一种满足感，"没想到我本周经历了这么多，做了这么多事情"。这是不记录就无法产生的效果。

每周复盘是对每天复盘的一个提纯和总结。如果每天完成了3个任务、3个觉察点、3个行动指南，那么一周下来，你会发现，你完成了21个任务、21个觉察点、21个行动指南。

放到一周来看，有一些成果就微不足道了，而一些觉察点和行动指南会有同质性，那么就可以合并它们，强化自我的认知，我们做到了什么，接下来应该发力的是什么。

每周复盘的格式如下表所示。

如何验证我本周的成功？ 任务一：＿＿＿＿＿＿ 任务二：＿＿＿＿＿＿ 任务三：＿＿＿＿＿＿ 本周关键词：＿＿＿	周一规划	周二规划	周三规划	周四规划	周五规划	周六规划	周日规划

本周复盘 本周我拿到了什么成果？ 成果一：_____ 成果二：_____ 成果三：_____ 哪里可以做到更好？ 觉察一：_____ 觉察二：_____ 觉察三：_____ **行动指南** 开始做：_____ 停止做：_____ 继续做：_____ 本周自评分：___							

每月复盘的关键点

一年只有 12 个月，也就是说我们每年的目标落地按照月度来闭环，只有 12 个节点。如果一个月没有成果，就会影响后续月份的成果，会给后续月份造成过多的压力。

每月复盘首先要跟季度/双月 OKR 做闭环，通过月度目标清单的执行，来判定我们的季度 OKR 的进展如何，红黄绿灯是否正常，这个提示非常重要，不同颜色的进度条会让人产生成就感或紧迫感。

然后再梳理如果这个月进度有进展，是哪些成果促使了进度的进展，可以把每周复盘的内容进行归纳总结，来看看如果这个月我只完成了三件大事，是哪三件。另外，觉察到的自己的成长点，如果只有三个，是哪三个。

最后再看我们的行动指南的总结，到了每月总结的时候，就会有豁然开朗的感觉，原来问题点主要集中在这里。那么就能输出自己下一个月度的目标清单了。

通常来说，月度目标清单是季度 OKR 的策略表，策略不能定太多，80%的结果是由 20%的行动带来的，月度目标清单内容也不要超过三条，而且要以促进第一条成功为核心准则，这就是月度北极星。

每月复盘，可以留出半天的时间进行，一点点去盘四个星期的执行与收获，这也会让我们非常有获得感。因为没有看记录的话可能我们早就忘了这个月发生过什么，一看记录才知道，原来一个月内我们做了这么多事情。

季度/双月复盘的关键点

一年只有四次季度复盘，如果一年按照双月来拆解，也只有六次双月复盘。究竟选择季度还是双月复盘，要看公司业务的形态，以及你对自己的要求，如果是变化速度非常快的行业，或者自身是节奏非常快的人，可以选择双月复盘；如果是成熟业务并且自身喜欢稍微慢一点的节奏，可以选择季度复盘。

接下来，我们来讲季度复盘。

> 每个季度都能完成自己的使命这件事非常重要。就跟植物生长一样，春天是生根发芽的时候；夏季是孕育果实和疯狂生长的时候；秋季是丰收的时候；冬季是验收成果和筹划来年的时候。这四个环节，但凡有一个环节被耽误，这一年就算白过了。

季度复盘首先要闭环季度 OKR 的成果，我们依然以实际完成百分比、红黄绿灯作为醒目的提醒。然后再确认年度 OKR 的进度，是不是符合预期，是超出预期，还是出现了警戒情况。

如果在复盘本季度的 OKR 时，发现本季度出现了严重问题，那么就要考虑是不是目标制定有问题，还是执行非常差。

在季度 OKR 上，如果真的是一开始看走眼了，确确实实目标层面出现重大误判，加上一个季度的生长发育带来了一些新情况，那么在经过深度思考之后，年度目标可以进行迭代。

不过，那也要通过复盘了解自己的认知盲区在哪里，为什么会有这样的误判，进而提升自己制定目标及理解事物本质的能力。出现目标制定的问题，从本质来讲就是因为没有抓住关键，你究竟为谁，想创造什么价值，以及你所需要发挥的优势是什么，其实这些都是基本盘，一般情况下，不能轻率地改变。打什么市场，定什么政策，那是策略层面的事情，是可以随时跟着市场变的。

我们有的时候把策略当成了目标，被动地跟着外界形势走，目标就容易没有根基。

季度复盘的素材来自本季度三个月的信息累计，我们再回过头去看我们每个月所完成的大事，就会非常有满足感，会感觉"这个季度不虚此行啊，加油干，同学"。

同时，我们也要对新季度 OKR 进行信息输入。当前情况下，更能支撑年度目标达成的季度 O 是什么，承接年度 OKR 所需完成的里程碑是什么，重要的策略是什么，并将其分解到新的三个月里面。

年度复盘的关键点

一般来说，年度目标能不能达成，到了一年的 10 月份，就已经很清晰了。到了最后两个月，我们要做的就是保证士气，持续聚焦。

某企业服务公司到了 10 月份，开始筹划战略对齐会，几位高管一起商量：这个会议到底解决什么问题呢？是重在 11、12 月份的任务和策略分解呢？还是商量来年的战略规划？

他们的财务老大说，都到了这个时间，还搞那么复杂干什么呢，11、12 月份都是在前 10 个月打下的基础上来发展的，变不了什么新花样了，保证大家目标聚焦，能够顺利地把前 10 个月种下的果子收了，就行了。策略规划应该放在来年。这样才是 ROI 最好的选择。

我们通过年度复盘可以看到这一年的目标达成情况，也要开始准备科学地规划第二年的目标了。

今年的投入是为了来年的发育。一般来说，每一年都有一个自己的关键词，比如深耕、起航、安全、回归等。

如果我们做好了各种复盘，就会发现电视剧都没有自己的经历好看。

到了年度复盘的时候，我们要着重审视自己的战略能力是否有提升，年度目标是否顺利完成，你对自己是否有了新的认识。

基于年度 OKR 的闭环，这个时候进行深度的自我追问是非常有必要的。具体的自我追问清单如下：

- 我是谁？
- 我从哪里来？
- 我要到哪里去？
- 我为什么要去那里？
- 为什么我能去那里？
- 如何验证我去了那里？
- 为了到达目的地，我还需要加强什么样的能力？

这样的自我追问，可以强化我们在第一个基本功中构建的人生大框架。你可以给自己预留一天的时间去深度思考这些问题。

对于大部分人来说，真正能够独立创造价值的年纪，集中在 30 到 60 岁，20 岁之前，还在学习，20 到 30 岁还在摸索，60 岁之后要退休了。所以，黄金岁月短短不过 30 载，这其中三分之一的时间要睡觉，三分之一的时间在路上，真正创造价值的时间大概只有 10 年。那么如何抓住这个时间，去打造自己的理想世界呢？这是每个人都必须回答自己的问题。

除了对自我的追问，我们还需要用好SWOT分析，通过SWOT分析表来对当前的外部形势和自身优势重新做出评估，如下图所示。

优势	劣势
·客户选择你的理由 ·你的差异化竞争优势 ·你的能力积累和发力抓手 ·你的品牌效应累积 ·你的团队士气 ·资金优势 ·有利的生态位	·客户不选择你的理由 ·没有明显的能力积累和发力抓手 ·资金短缺 ·管理混乱 ·没有竞争优势 ·产品不稳定
机会	威胁
·新的需求 ·一个新的红利机会 ·竞争对手的无能 ·别人看不上但有利可图的机会	·客户偏好发生变化 ·技术的替代 ·政策风险

人生旅途有千万条路可以走，但是你首先要知道经过一年的奋斗，自己此时在哪里才有利于新的开始。SWOT 分析就可以起到自我定位的作用。

最终年度复盘的结局就是我们按照打造基本盘的五个基本功，继续从第一个基本功做起，基于使命、愿景、三到五年的目标，推导出新的一年的目标。

3. 四维复盘

在第二个基本功中，我们讲到了史蒂芬·柯维的"完人模型"，我们可以用它来激励团队。也可以用它进行复盘，它能让我们对自己的生活有一个综合的判断。

如果只是单纯地追求一面，我们就很容易失衡。一个人身体健康，收入能有盈余；和身边人的关系良好，情感是健康的；心智也在不断地发展，见天地，见众生；自己认为自己在过有意义的生活，在给社会和他人做贡献……我们就可以认为他是一个完人，不管他处于哪个阶层。

运气这种事是人掌控不了的，但我们可以通过四个层面去把握自己，如下图所示。

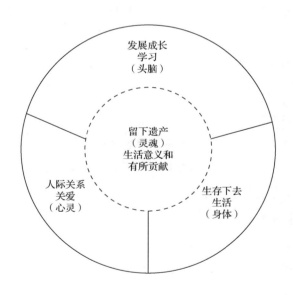

通过如下表所示的四个维度的复盘，我们能够更加综合地了

解，自己作为一个人的需求是否得到了满足，如果没有得到满足，当下应该怎么办。

学习 发展成长	关爱 家庭，朋友的关系	生活 身体和收入	精神 有意义的生活和 贡献
目标是什么 现状是什么 当下应该做什么	目标是什么 现状是什么 当下应该做什么	目标是什么 现状是什么 当下应该做什么	目标是什么 现状是什么 当下应该做什么

通常这样的复盘可以在月度复盘的基础上做，给自己留出半天独处的时间认真思考，并将结果输入下一个周期的行动计划里。

4. 社交复盘

深度复盘要独自做，但是一个人再怎么客观地审视自己，还是会有认知盲区。

复盘是为了学习，学习需要有社交，需要同伴的反馈，需要跟身边优秀的人学习，甚至模仿他们。所以在特定的情况下，我们还需要社交复盘。如果你在组织里，也可以定期搞组织复盘，这也是社交复盘的一种。

除了在组织里，还可以在外部寻求社交复盘，比如私董会、社群、朋友一起辅助复盘。复盘的流程大体可以遵照先说目标，再说现状，然后请求对方提供信息和建议，最后决策还是需要自己来做。

不能简单粗暴地把别人的意见当作自己的决策。凡事都需要内化，每个人的模式、心智水平、所处的环境都不一样，但是原则是一样的，那就是始终关注最终目的，要综合判断，发挥优势，以顾客需求为导向，求真务实。

> 张一鸣曾说，别人的意见，只是判断线索，不可作为"决定的决心"。独立思考，忠实于自己的内心，越朴素不虚荣所做出的选择，会越实际和可行。

社交复盘有没有效果，分水岭就是你是否愿意去暴露自己的不足。在你想要请教的人面前，你可以自我袒露，而不是掩饰真相，那么你的社交复盘就是有效的；如果你是封闭的、自保的，你就很难拿到有效答案。

在社交复盘方面，我推荐工具"约哈里之窗"，它能让自己尽可能地获得有价值的、实质性的反馈，如下图所示。当我们觉得周围的人为自己补充不了信息的时候，有时候可能是因为我们在封闭自己。

	自己知道	自己不知道
别人知道	开放区	盲目区
别人不知道	隐秘区	未知区

约哈里之窗理论认为，对个人而言，其认识世界的知识基本上是由以下四部分组成的。

- 开放区（公开）：自己知道、他人也知道的事情，代表公开的信息。

- 盲目区（盲点）：自己不知道、他人知道的事情，代表个人的盲点。

- 隐秘区（隐私）：自己知道、他人不知道的事情，代表个人的隐私。

- 未知区（潜能）：自己不知道、他人也不知道的事情，代表个人隐藏的潜能。

约哈里之窗理论认为一个人要取得事业的成功、要生活得好，就要扩大开放区，这个区域就是"约哈里窗口"。隐秘区越小越好，盲目区和未知区最好没有。只有这样我们才能由保守的、防卫的、封闭的自我发展为开放的、协调的自我，更好地适应社会，更好地建立和谐的人际关系，更好地发展自我。

▶▶案例◀◀

关于如何处理隐私和公开信息，张一鸣早年也有一段论述。他说："我一直认为这个世界越来越透明。所以有两个原则越来越重要。第一，不要假设别人不知道而降低底线，要做如果公开也完全能承受的事。第二，如果是隐私就不要上网留下痕迹。"

一个人越是袒露自己，他越是能够得到别人的信任，别人越是会毫无保留地给出自己的信息和建议。

所以，社交复盘要走出的第一步，就是打开自己。可以以裸心会的形式展开，裸心会的具体议程如下。

（1）我的梦想和目标是_____。

（2）我说一件我知道但大家不知道的事情_____。

（3）你说一件大家不知道但你知道的事情_____。

一般 8 人为一组，首先每个人轮流表达，一般单次分享不要超过 5 分钟，通过（2）和（3）两步缩小隐秘区和盲目区。然后基于互相中肯的态度，而不是打压和彰显自己的目的，给别人提出建设性的意见，达到互相勉励的作用。

本书将社交复盘放到个人成功复盘的关键要素里，原因在于，打开自己是通过外界获得个人有效信息的关键。

▶▶案例◀◀

一个创业者说，他曾经在二十多岁那几年，过了一段醉生梦死的日子。因为各方面太顺了，他在当地做自媒体，赚到了人生的第一桶金。在那么一个小城市，他每天开着百万豪车，住着最贵的房子，仿佛全世界最成功的人就是他。

后来，他偶然参加了一次行业大会，发现跟他以一样模式发家的人居然有这么多，而且别人比自己成功得多。更让他感到不可思议的是，在他们这个群体之上，还有更成功的群体，他突然明白其实他们自以为的成功并不算什么。

他说，如果没有参加这次行业大会，他的人生可能在二十多岁那个阶段就全毁了。幸亏这次"出走"，让他知道了自己其实是井底之蛙。

从此之后，他再也没有回去过，因为自以为是的日子并不好过，自己一定要打开门，走出来。

▶组织成功复盘的关键要素◀

团队管理中的一个核心挑战，就是如何让团队从外在驱动到内在驱动，这需要有反思的文化和向内看的氛围。只要一个人有反思精神，那么这个人的发展空间就很难有天花板，他可以"芝麻开花节节高"。如果一个人能力很强但缺乏反思精神，总认为自己对，而不去系统地思考为什么自己对，那么这样的人沟通起来、带动起来，都是非常难的。

我在做企业辅导的时候，如果遇到缺乏反思精神的管理层，通常来说目标落地的辅导就会困难重重。

查理·芒格曾说，宁愿跟智商 130 却只认为自己智商 125 的人合作，而不愿意跟智商 180 却自认为智商 200 的人合作，因为后者会害死你。芒格的这句名言，本书引用过一次了，再次推荐给大家。

反思文化和向内求，是组织复盘成功的关键，那么如何做呢？

1. 坦诚场域的打造

组织复盘的第一步，就是打造坦诚的沟通文化，形成坦诚场域。即便一些封闭的人，短期内很难打开他，但要让能够打开的人先打开，再用"先富带动后富"，让他们慢慢带动封闭的人打开自己。

坦诚，"坦"指平而且直，"诚"指真诚和真实，合在一起是指不隐瞒，不修饰本相，与人、与己、与天地坦诚相见，坦诚也是自由的意思。

那么如何打造坦诚的文化呢？下面给一个四步操作表格。

第一步，明确复盘的目的	1. 复盘只有一个目的，那就是促进个体和团队的成长； 2. 大家为一个共同目标努力，每一次发言都在帮助公司更接近目标，都在帮助公司建设坦诚的文化； 3. 每一个人离开会场的时候，都应该要带走新的认知

第二步，复盘首先是个人的复盘，是个人意志的发挥	1. 复盘的是自己定的目标； 2. 目标的评分由自己来做，目标是自己定的，过程中的路径、策略也是自己选择的，没有谁更懂当事人到底尽力程度如何，只有自己对自己的评价能触动自己的心，更能激发自己的思考； 3. 失败后要多找主观原因，只有找到主观原因，情况才能真正有所改善
第三步，领导层带头复盘	领导层要身先士卒，这就是文化
第四步，以解决真问题为驱动力	当大家意识到这个复盘会不是形式主义，而是要真正解决问题的时候，大家才会干劲儿十足

▶▶案例◀◀

　　很多人都有一个误区，认为"开会就是开会，就是要说事儿，别扯别的"。但是如果你不关注人的感受，你越想说事儿，最终你越不能拿到成果。所以打造开放的、融洽的场域是管理者必须要具备的技能。

　　某次共创会，在会议一开始就设置了"国王与天使"的破冰活动，让团队内部的成员都拥有一个"天使"和"国王"的身份，作为"天使"，你要给不知情的"国王"默默地做出贡献；作为"国王"，你并不知道自己的"天使"是谁，你只需要享受"天使"的关注就好。

最终，两天的共创会结束后，会议揭晓了谁是你的"天使"，现场让人非常感动。有人默默发红包，有人买奶茶，有人表达关心，有人切果盘。大家意识到，其实在工作之外，我们都是可以互相关爱的个体。

如果一个组织的成员都是互相关爱的，那么还有什么难题是大家不能同心协力突破的呢？

2. 互相感恩法

当团队成员打开了自己之后，还可以用互相感恩法提升现场的能量。

具体如何操作呢？就是让每个人都说一说，在过去的这个目标周期内，在场的各协同部门的同事中，你最感谢谁？你看到他做了什么？你喜欢他的什么精神？

一般来说，各协同部门有可能因为问题的归因，责任的灰色地带，以及对于其他部门的认知欠缺，产生一些不满情绪，如果这些情绪持续积累，就会导致协作效果越来越差。

在组织复盘之前，我们反其道而行之，先来感谢一下协同部门。能不能找到要感谢的协同部门呢？其实是可以找到的。你与协同部门在一个公司里做事，他肯定有值得你学习的地方，你能看到他为共同目标所做出的贡献，以及他人格中闪亮的部分。如果一个人找不到任何同事的闪光点，那么要么是他受到的伤害极深，要么就是他很难融入这个集体，或者他不关心别人。

孔子曰："三人行，必有我师焉。"

通常说不出来的人是很少的，大多数人都可以发现同事的闪光点。一旦从提防状态转变为感恩状态，人的设防就会减少很多。那一刻，你会觉得这个团队还是值得的。那么接下来说问题的时候，就会更加没有心理负担。

3. 团队的 U 形理论实战

接下来就是面对真问题、分析真问题、解决真问题的阶段了，这个阶段做好了，大家就会爱上团队复盘，因此这个阶段是重中之重。

如何做好团队复盘呢？用好工具很重要，U 型理论是美国麻省理工学院的奥托·夏默博士开创的，如下图所示。这是一个能够帮助个人和团队透过表象，从习惯性思维方式中走出来，从而能够基于最终目的，来发现真问题、解决真问题的工具。

用好这个工具需要了解七个层次、三个敌人和三个内器。

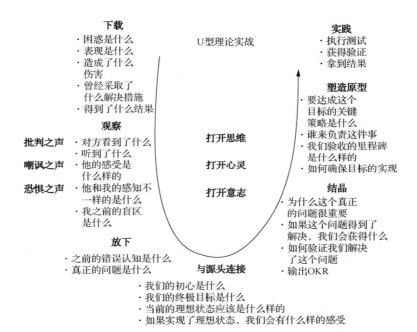

下载
· 困惑是什么
· 表现是什么
· 造成了什么
  伤害
· 曾经采取了
  什么解决措施
· 得到了什么结果

U型理论实战

实践
· 执行测试
· 获得验证
· 拿到结果

观察

批判之声 · 对方看到了什么
· 听到了什么
嘲讽之声 · 他的感受是
  什么样的
恐惧之声 · 他和我的感知不
  一样的是什么
· 我之前的盲区
  是什么

打开思维

打开心灵

打开意志

塑造原型
· 要达成这个
  目标的关键
  策略是什么
· 谁来负责这件事
· 我们验收的里程碑
  是什么样的
· 如何确保目标的实现

结晶
· 为什么这个真正
  的问题很重要
· 如果这个问题得到了
  解决，我们会获得什么
· 如何验证我们解决
  了这个问题
· 输出OKR

放下
· 之前的错误认知是什么
· 真正的问题是什么

与源头连接
· 我们的初心是什么
· 我们的终极目标是什么
· 当前的理想状态应该是什么样的
· 如果实现了理想状态，我们会有什么样的感受

七个层次如下。

第一，下载

说出当前的困惑，以及这个困惑所带来的痛苦。如果这个困惑不能得到解决，会造成什么样的后果。迄今为止，当事人为了解决这个问题，做了哪些方面的努力，成果如何。这些内容都将被记录下来，供当事人及在场的其他人阅读。

在事实下载这个环节，最大的敌人是，大家只说观点，不说事实。比如，只说团队协作不佳、士气不好、产品不够优秀等大而不具体的观点。如果下载下来的都是观点，那么后面的观察就很难进行，因为观点都是抽象的、模糊的。你也不能说观点是错的，因为观点都是很个性化的。

基于这样的下载，就会导致后面的深度挖掘没有基础，复盘就会变成走过场。

那么怎么办呢？一定要说事实，而不是只有观点。如果你说了"团队协作不佳"这个观点，那么请说事实，在什么时间、什么地点、什么人做了什么事，产生了什么结果，说话句子要说全，主谓宾都要完整，用事实来证明你的观点是有价值的，这样大家才不至于雾里看花。

当大家都把观点背后的事实说出来之后，整个下载的工作就算成功完成了。

第二，观察

当所有关于困惑的内容都被下载之后，当事人和团队就要开始观察事实本身，然后以"让对方和集体变得更好"为目的，提出自己的问题及自己的理解，并相互求证自己的理解是否有偏差，最终达到大家对此事尽可能有一致的理解，消除彼此的盲区。

第三，放下

当大家对于这件事的所有信息和看法对齐之后，再聊聊有没有新的发现，有没有对彼此错误的认知，放下了什么。这时，大家开始共识真正的问题到底是什么。

第四，与源头连接

当真正的问题被共识出来之后，我们要问自己，我们的最终目的是什么？这需要与真正的自我相关联，而不是被执念绑架，需要我们回到"在当下"的状态。放弃小我，连接大我。思考我们的理想状态到底是什么？最终找到我们的初心和当下应该做的事情。

第五，结晶

将思考的结果用计划的形式呈现出来，形成新的目标和关键结果，可以用 OKR 的形式来做承接，指导未来的行动。

第六，塑造原型

我们可以将 OKR 拆解到可以执行的细分策略，并具体分工到何人、何事、何时，就像我们第三个基本功"建共识"一样，让相关的人都能以正确的姿态参与到共同目标的制定过程中。

第七，实践

严格执行已达成共识的 OKR 和策略分工表，具体方法论可以参照我们的第四个基本功"抓执行"。

这样一个 U 型思考过程就全部完成了。

▶▶案例◀◀

　　某公司的产品部门，一直是被团队诟病的重灾区。因为大家认为客户不认可他们，都是因为产品部门工作没做好，而且产品部门非常封闭，给他们提意见，针插不进，水泼不进。

为了解决这个问题，大家依据 U 型理论的逻辑，进行了一场深度复盘。

第一，下载。大家都说说产品部门工作现存的问题：工作现状是什么？对其他部门的工作造成了什么样的影响？为了解决这些问题，各部门过去做了哪些努力？带来的结果是什么？

第二，观察。现场一共分三组，各用一张大白纸呈现他们的讨论成果，当三组将现状都呈现完毕之后，大家开始观察这三份结果，对于彼此不理解的部分开始发问，这个过程持续了 30 分钟。

第三，放下。此刻，大家共同的心声是——我们过去一直认为是产品部门的封闭造成了我们的工作持续见不到成效，现在看来真相并非如此。

虽然产品部门是封闭的，但是公司的高层及协同部门，也没有做过任何努力，只是在一味地指责，所以就导致了产品部门越来越封闭，因为他们需要自我证明"我们很努力，我们很正确"。

真正的问题是：在产品上，公司内部没有真正的负责人——现在的产品部门老大在忙着证明自己是对的，而其他管理者在证明产品部门老大是错的。大家没有齐心协力想办法解决问题，而是把时间和精力放在了指责上。

第四，与源头连接。我们的目标是创业成功并成为深受客户喜欢的品牌。那么当下我们真正应该做的事情是什么？是确立真正有胜任力的产品部门负责人，在没有合适的人到岗之前，可以由公司的副总兼任。

第五，结晶。就如何做好产品工作，现场大家一起共创行动方案的 OKR。最重要的关键结果是，找到合适的负责人；其次是，将现有的工作做好，确保基本盘的稳定。

最后两步，塑造原型与实践，将 OKR 拆解到可执行落地的程度，具体分解到人。

通过以上七步，这个持续困扰大家的问题，终于通过半天的深度复盘，有了突破性的进展。

完成这七步，有三个敌人。

第一个敌人：批判之声

批判之声是非常常见的，尤其是职场上的敌对势力，双方都受不了对方说话。另外，有些人的执念特别深，只要有人一开口，立马就在内心给对方贴标签，他无法听别人说话，因为他觉得其他人的智商都比他低。

团队工作就是集结一群普通人做一件伟大的事情。而这个世界上，可能98%都是普通人。如果你真的优秀，就应该帮助普通人成事，而不是打击普通人的自信心。

▶▶案例◀◀

　　我在辅导企业的时候就遇到过这样的情况，有一种人他也许心是好的，但是说话的方式就是习惯性尖酸刻薄，别人一开口，他就马上反驳打压，脸上总是写着不耐烦、急躁，他的存在就是想让大家感受到自己很糟糕。这样的人，他不仅不会自己思考，还会影响别人思考，甚至会破坏现场的场域。

　　第二个敌人：嘲讽之声

　　每一个变革在发生之初都是困难重重的，与新生儿来到这个世界一样，每个新生儿诞生的环境都是危机四伏的。对于新的生命和新的未来，我们应该支持和祝福。但人性就是这样，新生命的到来，也许在他看来是不利的，或者他之前受到的伤害特别深，所以他不愿意去支持和祝福，他抗拒这件事，甚至公开诋毁。

　　我们可以看看历史上很多名人的故事，当他们一开始发起某项挑战的时候，身边嘲讽他的人一定不会少于支持他的人。

▶▶案例◀◀

　　某公司靠着历史积累的红利，已经躺平式发展几年时间。随着竞争对手的挤压，危机越来越明显。大家开始痛定思痛，CEO 制定了基于市场和优势分析的战略规划，各业务部门也决定全力争取发展得更好。但是有的管理者，尤其是支撑部门的管理者，因为他不担主要责任，公司危机跟他的直接关系也不大，而且他不相信大家会有什么改变。

所以他在会后跟自己部门开会的时候，传达的内容是：我们做我们自己的，让他们折腾去，看他们能搞出什么花样来。

第三个敌人，恐惧之声

当我们找到了新的方向，形成具体的行动计划和分工之后，有人开始心里打鼓，说得挺好的，但是真的能做到吗？大家的行为能改变吗？这种恐惧既否定了自己，也否定了他人。

▶▶案例◀◀

进窄门，走远路，见微光。

在形势还没有明显发生好转之前，不是所有人都会很有信心。比如前文的案例，大家虽然决定要找更合适的产品部门负责人，要请现有有能力的人把产品的基本盘稳固好，但是执行就一定会顺利吗？谁知道这个孩子生出来是丑还是美呢？

万一找的新负责人比现在这个还差呢？当事人心里有一千个害怕，一千个自我否定，在过程中给自己的压力会很大。所以很多项目之所以会夭折，不是因为外部的打压，而是首先自己就坚持不住了。

那么面对这三个敌人，该怎么办呢？要用好三个内器。

第一个内器：打开思维

首先要放下。当聆听他人说话的时候，先不着急给人贴标签，设身处地地思考他的眼睛看到了什么，他的耳朵听到了什么，他的皮肤触碰了什么。通过别人的眼睛，看到自己看不到的地方，打开自己的思维。

有时人走得很顺不见得是好事，因为人一旦很顺，就会觉得世界就是他认为的样子，自己很牛，自己的理解就是对的。如果别人达不到他的要求，他就会觉得其他人很笨，很无可救药，这会导致他无法跟周围的人沟通。

逆境的好处就是，他终于发现自己的成功不过是一系列算法的巧合，而现在的落魄是自己的思维带来的必然结果；他终于能够理解其他人的不作为是真的因为不能，而不是不愿，低谷期反而让人具备同理心，不再盲目地去给别人贴标签。

第二个内器：打开心灵

然后是接纳。当事实告诉我们自身的理解是错的，那么我们应该与自己求真、求知的心相连接，而不是因为恐惧自己失去控制力而不愿意接纳现实。

尤其是当情绪处于主导地位的时候，各种执念、委屈和不甘就会涌上心头。就像武侠小说里描述的练武之人，到了某个关键节点，因为驾驭不了自身的能力导致体内几股真气到处乱窜。如果这时不能自我消化、理顺自身，最终就会走火入魔。如果我们不能驾驭执念，我们就会被执念所驾驭，最终变成执念本身。比如有了"他就是要跟我作对""这个人就是个坏胚""我就是要让他好看"之类的执念，执念越种越深，从而影响自身发展，导致不做自己应该做的事情。

尤其是在低谷期，情绪最低落的时候，一定要及时问问自己，我的最终目的是什么？当前到底怎么了？我应该怎么做？别被自己的执念绑架了。

第三个内器：打开意志

接着是执行。没有强悍的意志是很难打开新的局面的，因为习惯性思维会带着我们持续走老路，所以我们要有奉献精神、牺牲精神，敢于走出舒适区，强悍地拿到结果。

牺牲的是什么呢？是过去让我们觉得安全的思维方式和感受，去追求更高级的方式与方法，当历史包袱被甩开之后，最终我们会大获全胜。

> 　　某公司开目标共创会，大家制定了非常有挑战性的目标，然后对齐限制性因素——是什么会导致目标达不成。在场的管理者都表达了自己的担心，然而到了某一位管理者的时候，他冷冷地说："目标既然制定了，还管什么失败不失败？想尽办法完成就是了。"
>
> 　　有的时候，充分的分析不见得能解决所有问题，坚定的意志力也是目标落地的关键。

　　最后来说说"一个底层"是什么，其实就是始终足够理解自我，这里的"自我"包括三部分，一个是过去的自我，一个是现在的自我，一个是未来的自我。

　　过去的自我是可学习的客体，而不再是现在的自我主体，我们只能拥有当下的自我，所以活在当下非常关键，当下的自我就是未来的"因"。

　　在给企业开团队复盘会的时候，我们会发现，一个问题如果持续得不到解决，会让团队里的很多人都大为恼火。但当我们用 U 型理论开复盘会时，就会发现大家其实是可以直面问题、分析问题并解决问题的。

最后，在组织复盘这个环节，提醒大家注意四个重要的原则。

第一，给予留白

当问题的下载和分析让现场有了紧张感或有情绪的时候，我们可以暂停一会儿，先让现场安静下来，甚至可以让当事人先出去一会儿，看一下天空或花草。因为如果现场一直都是咄咄逼人的，那么大家难以真的思考。

> 某次共创会，大家都认为业务持续不增长的关键卡点是销售团队，大家纷纷给销售团队支招，谈自己的看法，但是大家越提意见，销售团队的负责人越是面部表情僵硬，眼看着现场的氛围已经是剑拔弩张，其他团队想要销售部同事接受自己的意见，销售部同事却不断用别人听不懂的专业词汇证明大家的想法是错的，他越是想证明大家是错的，大家就越想提意见。
>
> 如果会议继续下去，一定不会有好的结果，于是会议主持人果断喊停，让大家都出去走一走，20分钟后再回到会场。

第二，平等发言

我们要鼓励每一个人都积极发言，让大家都有发言的机会。

当大家都能参与到深度的复盘，他们的声音能够被听见时，这个团队的合作就能很好。如果永远就几个人发言，那么这个团队的未来堪忧。

第三，复盘最终都会回到定位和边界的问题

有些事情，大家一说起来，就会觉得是一团乱麻，各有各的委屈，做了很多，却得不到认可，也没有成就感。通过深度复盘查找根因，最终都会发现，本质问题还是出在了岗位定位和角色分工上。

如果底层的问题得不到解决，大家就会瞎开枪、乱行动。我们不能因为要互相补位，就不去关注边界和定位的事情。只有定位和边界梳理清楚了，补位才能有的放矢。一旦复盘到了定位和边界问题，这时不要退缩，应该勇往直前，直至将解决方案制定出来，如此才能正本清源。

企业的问题，往往是一把手没有摆正位置；部门的问题，往往是管理者没有摆正位置。"德不配位，必有灾殃"就是这个道理，你能拿到多少荣耀，你就需要有多大的能力去消化多少挑战。

第四，领导者的角色

在日常工作中，领导者具有决策权和一票否决权，在用 U 型理论进行团队复盘的时候，领导者不能说太多，不然就会让大家进入记忆里的模式，认为领导者说的话就是一锤定音。

领导者在共创会和复盘会中的角色是什么呢？他应该是方向的指引者、团队的支持者、业务落地层面的观察者。在团队卡住或走偏的时候，领导者要出来指引方向；当正确的声音，或者弱小的声音需要被支持的时候，领导者要站出来支持；当业务的梳理，以及团队的状态被充分展示之后，领导者要衡量，当前的目标、要素与连接方面，哪些部分是接下来需要加强的，哪些部分是团队目前存在空白的。这些需要领导者做好斟酌。

最后，一旦团队开始共同学习，大家都开始向内求并寻找办法，在过程中还能打开心扉进行碰撞，那么这个团队的智商及能力都会得到提高，只有这样的团队文化，才能跟上业务的发展。

行动指南

根据你制定的目标期限，在目标截止日期，给自己来一场复盘吧！

目标的结果验收			深入的原因复盘				
	最终达成的可验证的成果	完成百分比	红黄绿灯	【为】	【观】	【思】	【行】	【评】
O				在这个周期内，你做了哪些有效策略？有效的是什么、无效的是什么，导致无效的原因是什么？	当初的基本假设被验证成功了吗？是否产生了新的知识？值得跟组织分享的内容有哪些？你认为以上的总结是否有利于最终目标的达成？	为达成目标本周期我被加强的认知是什么？我需要提升的是什么？我需要改变的是什么？	为更好地达成目标：你将开始做什么？你将继续坚持做什么？你将停止做什么？	本周期自评分（0~10分）：____分 • 0分，彻底的失败； • 3分，有努力，但是结果令人遗憾； • 5分，及格； • 7分，符合期待； • 10分，超出期待。
KR								

第三部分

忠告，赢在目标落地的挑战与信念

最后这一部分，是对坚持目标落地、持续拿结果的忠告。

剑都是一样的剑，但关键看在谁手上。人与人之间的智力差别不大，主要是个人修为的差别。

同样一件事，同样的起点，有的人就能一马平川往前走，有的人则会一直留在原点。有很多现象，都能说明问题。比如一样的米养百样的人；一间教室，老师讲的都是同样的内容，但就是有的学生学得好，有的学生学得差。这里面既有天赋、环境的原因，也有人本身的原因。

运气等外在的原因并不是本书探讨的范围，但就方法论而言，大家都是平等的。那么是什么导致我们用不好这个工具呢？又是什么能够帮助我们最终得偿所愿呢？

目标落地的挑战

第一个自我挑战：什么都想要

该挑战具体表现为无法聚焦，无法坚持，走着走着，兴趣就会被别的地方所吸引，然后不断地扩大自己的疆土，最终崩盘而死。不能聚焦的原因在于对目标本质的理解不到位，不知道真正的金矿在哪里，所以就"无脑贪"。

如果一个人什么都想要，那么基本盘是很难建立起来的，因为人的能力和精力都是有限的，一共就三个盖子，要去盖三十个锅，哪怕你手速再快，也会有掉链子的时候。一旦被判定失败，再上牌桌就很难了。

当目标太多的时候，五个基本功的运转就会出现系统障碍，导致不能集中力量于一点去展开动作。最终你一个结果都拿不到。

第二个自我挑战：急躁

急躁是指不能静下来思考，急躁的人不能允许自己停下来，他们必须快节奏地往前赶，一旦感受到焦虑，就必须马上行动。急躁的人也不允许其他人的挑战，他们有极强的战斗意识。这样的人很难拿到真正的大结果，因为他们的行为受到了自身焦虑和外部挑战的控制。这样他们就很难真的放下防备，去想真正的命题。

急躁的人，总是急于去证明自己，急于去打败对手，那么以上五个基本功对于他们来说不是赋能，而是枷锁。他们的口头禅一般都是："搞那么多弯弯绕干什么，干就完了！"

殊不知，在"干就完了"的前面，是需要充分谋划的。这样的人，最终会不断得到人生给他们的冲击，也许，终于有一天他们会安静下来，开始思考真正的问题。也许，这个成熟的时刻，一辈子也不会到来。

第三个自我挑战：自负

自负就是只相信自己的认知，绝不接受外来的意见，过于自我执着，自己被一些信念系统的东西给绑架了。比如有的管理者，他真正需要做的事情是如何把这件事做好，但是他过于执着于如何赢得老板的关注和认可，本末倒置，最终导致现实与想象错位。当他的部门出现卡点，大家一起剖析根因时，他会非常抗拒，如果大家硬要往前推，就会引起他的应激反应。

他自认为自己是对的，自认为是在为岗位负责，但是对于业务本身的要求和协同部门提的意见，却始终保持关闭状态，那么这样的人就很难去拿到真正的结果，注定情绪起伏不定。

正因为他没有勇气踏出那一步，为真正的目标负责，所以他就只能观察领导的脸色，一旦不符合预期，就会伤感；一旦符合预期，就会自我强化。

比如老板看重加班，他发现自己通过加班能够获得上级的认同，他就会强化这个动作，至于能不能解决实质问题，并不是他真正关心的。

第四个自我挑战：懈怠

懈怠是非常常见的现象，有些团队成员感觉自己没有参与感，感觉自己不受重视，就会做一天和尚撞一天钟。老板来检查，立刻罗列自己做了什么；老板不来检查，该干什么就干什么。

还有的人，始终没有搞清楚自己要什么，尤其是自认为聪明的人。他认为他本身就是答案，而不是去服务别人才能创造价值。所以就会孤芳自赏，不愿意了解，也看不上周围的人，也就无法真正参与到事情中去。

他很机灵，能够建言献策，能够灵光一现。但是对于真正需要承担的责任，他是没有概念的，更不会去做牺牲，走出自己的舒适区。

一旦出了问题，他会认为是其他人的问题，而不是自己的问题，自己已经仁至义尽了，认为"我能跟你们成为团队，就已经是给你们荣光了"。

还有一种懈怠是行为已经被固化了，一层层包裹得很紧，说起来都是"好好好"，做起来既没有创新也没有节奏。追问真正的原因的时候，得到的答案是我对现状很满意，这就是我要的，但是跟他协作的人却非常痛苦。

第五个自我挑战：恐惧

有的人对现状不满意，但是一说到如何改变的时候，就会前怕狼后怕虎。这里也不行，那里也不行，会自我设置障碍，自己就把自己催眠了。

比如有的人想写一本书，天天说，但就是不动笔；有的人很想建立一个社群，每次定目标的时候，都有这一项，但是几年过去了，依然没有社群的影子。

为什么呢？就是恐惧。恐惧什么呢？恐惧失败，恐惧自己承受不起。约瑟夫·坎贝尔在《千面英雄》这本书里写道，每个人都会受到召唤，我们的最佳做法就是遵循内心的召唤，勇敢地走出来。如果你拒绝召唤，那么你就不会成长。

本书讲的五个基本功的做法，就是系统地讲克服恐惧、行动起来的指南。但前提是你有一颗向善的心，这五个基本功才能真正运转起来。

什么叫善？就是你希望自己更好，你希望身边的人更好，你希望这个世界更好，并且能够采取相应的行动，拿到结果，这才是善。

目标落地的信念

那么如何应对这五个挑战呢？如何才能持续拿到结果，并能打造好自己的基本盘呢？这里给大家五把利剑——五个信念。

第一个信念：坚持初心

一个人的来路，往往写着自己的成长密码，喜欢什么，擅长什么。通过复盘和制定目标这两个高频动作，我们会不断了解自身的特色。

当我们聚焦在自己喜欢的、擅长的领域，并且还能够获得市场和社会的正向反馈时，我们就是心身灵合一的。如果我们违背自己的初心，去做跟风但是自己不喜欢、不擅长的事情，一旦风口过去，剩下的就是一地鸡毛。

在我们找到组织的战略之前，首先要找到个人的战略。初心就是一个人的根，有了根，就能为枝叶输出源源不断的营养价值，不会轻易说放弃。当其他人感到非常痛苦的时候，依然坚持初心会让你怡然自得。

第二个信念：始终聚焦

如果要出结果，那么必须聚焦，五个基本功运转起来，必须基于需求，基于自身优势，找到发力点，然后持续做功，做到其他同行只能望尘莫及的水平。

战术可以分散，例如声东击西、兵分两路等，但是战略层面的发力点一定不能失焦。

人的大脑是发散的，难免就会贪婪，这也想要，那也想要，所以要时常问自己：

- 我在正确的方向上吗？
- 我的行动有成果吗？
- 我是否在贪多？
- 如果只保留一个动作，那个动作是什么？

第三个信念：说到做到

当你不能明确初心的时候，对于未来还不能笃定的时候，当现实与你的预期差距很大的时候，唯一的出路，就是把手头的小事做好。与自己连接，去制定自己的年度 OKR，逐步拆解到季度、月度，然后日拱一卒，无论是你的解决问题能力，还是影响力都会慢慢提升，最终你会越来越强大。

我们常说"说到做到"，首先要完成对自己的承诺，然后才是对身边人的说到做到。当你持续不断完成对自己的承诺的时候，你会发现自己的擅长点和兴趣点，你会越来越认可自己。

曾国藩提到一个概念，叫作"少举事"。如果你承接了太多的需求，最终你一定很难还清账。所以，想要成为说到做到的人，首先要做的是——少举事。当我们承接了一个需求，那么不承接则已，承接了就要使命必达，按照时间线和质量说到做到。

你能对身边的人说到做到，最终你会积攒出很棒的口碑和个人影响力，好的运气和资源也会向你涌来。

第四个信念：追求极致

我们如果做到了坚持初心、始终聚焦和说到做到，那么我们就会有机会去追求极致。很少有人在一开始就能把所有的事情都想清楚，都是在过程中不断去体悟的。当我们找到了一个点，明白已经没有了任何退路时，那么就把手头上的事情做到最好，不断地触及本质，然后解决本质问题，而不被概念形式主义所束缚。

比如，当我们说落地 OKR，真的是落地 OKR 吗？如果用了 OKR 不解决问题，那么 OKR 就是个假命题。我们真正需要的是明确战略、激活和肃正团队，将目标分解下去，从而拿到成果，积小胜为大胜。OKR 只是手段，当然，这的确是个先进的手段。

要用好 OKR，首先要打造好基本盘，这才是本质。

第五个信念：勇于挑战

《少年派的奇幻漂流》里有一句名言得到了很多人的共鸣：

这里必须说说恐惧，它是生活唯一真正的对手，因为只有恐惧才能打败生活。

当我们把自己逼上了追求极致的道路上，就不应该有恐惧了，因为前面就是康庄大道，就是无人区。成功的路上并不拥挤。

所以赶紧开始吧！

所有的伟大，都源于一次勇敢的开始。